学ぶ人は、
変えて
ゆく人だ。

目の前にある問題はもちろん、

人生の問いや、

社会の課題を自ら見つけ、

挑み続けるために、人は学ぶ。

「学び」で、

少しずつ世界は変えてゆける。

いつでも、どこでも、誰でも、

学ぶことができる世の中へ。

旺文社

大学入試　Basic Lecture

動画でわかる 英文法

［読解入門編］

岡﨑 修平 著

旺文社

● はじめに

こんにちは！　英語講師の岡﨑修平です。

「単語を覚えたのに英文が読めない」
「文法の知識を読解にうまくいかせない」
「参考書を買ったものの最後までできずに挫折してしまう」

　こういった悩みを解決するためにこの本は生まれました。

　この本では，英文を読むときの「思考のプロセス」を可能な限り言語化しました。また，動画でも解説することで，英文を読み解く手順を一緒に体験していけるようにしています。

　講義で解釈のパターンを学んだあとは「SVの判断」や「品詞の判断」などを問題演習で簡単に復習できるようにしています。「読んだだけ・見ただけ」で終わらず，英文の「形」と「意味」を頭の中で結びつけていきましょう。

　解説に使う例文には，大学入試の英文をベースとしたものだけでなく，僕がこれまで収集してきた偉人の名言をアレンジしたものも使っています。学習のスパイスになるようなやる気の出る言葉を多く選んでいるので，ぜひ例文そのものも楽しんでください。

　それでは，この本で「英文が読める楽しさ」を体験しながら英文読解の基礎力を身につけ，合格への第一歩を踏み出しましょう！

岡﨑修平 （おかざき・しゅうへい）
PHOTOGLISH／岡﨑修平塾 代表。「映画・ドラマ・アニメ・ゲームで学ぶオンライン英語塾」を主宰し，生の英語を楽しく学ぶことを追求している。東進ハイスクール（特別講師），駿台予備学校，Z-UPに出講歴あり。英検１級。アメリカ映画文化学会役員。著書に『完全理系専用 英語長文スペクトル』（技術評論社／関 正生先生と共著），『総合英語 Ultimate』（啓林館／執筆協力）など。

● 本書の特長と使い方

▶本書の特長

　この本は，大学受験勉強のスタート期に取り組んでほしい「いちばん最初の英文解釈」の参考書です。

　内容を入試の基礎レベルに絞っているため，短期間で読み切れるボリュームになっています。

　さらにこのシリーズの最大の特長として，動画も使って学習することができます。書籍だけでは理解しきれなかったという人も，動画を見ることで理解が捗り，つまずかずに学習を進めることができます。

　この本では，英文を「前から読める」ようになること，英文を「すばやく正確に読み解ける」ようになることをゴールとし，そのための文法的判断力が身につくように解説しています。

▶本書の使い方

講義を読む

📖 Lessonのページ

- ●例文の問いに従って文構造や意味を考える
- ●解説を読み，英文を読むときの思考プロセスを学ぶ
- ●例文図解・例文訳を読み，答えを確認する
- ●まとめを読み，知識を整理する

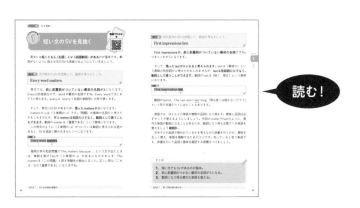

読む！

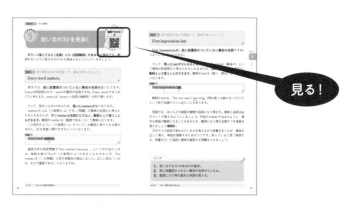

動画を見る

▶️ Lesson の解説動画

● 著者本人による解説動画を見て，例文の読解プロセスを体験する

見る！

※動画は特典サイトから見ることもできます（▶ P.9）。

問題を解く

✏️ Exercise のページ

● Lesson の例文と同じレベルの英文を使った確認問題（Exercise A）で復習する　※各Chapterの最後に掲載

● 実際の大学入試で出題された英文を使った演習問題（Exercise B）に挑戦する　※各Partの最後に掲載

Exercise A ▶

解く！

Exercise B ▶
※解説動画あり

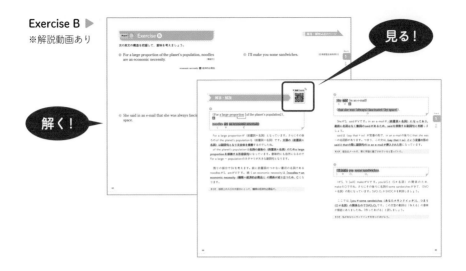

見る！

解く！

📖 巻末付録のページ
1. 覚えておきたい語彙・表現　●Lesson に関連する語彙・表現を学ぶ
2. 復習のための例文一覧　　　●Lesson の例文を復習する
　　　　　　　　　　　　　　　●例文音声を聞きながら音読を行う

▶著者からの学習アドバイス動画

　著者の岡﨑先生による，この本を使った勉強法についての学習アドバイ
ス動画です。学習を開始する前にぜひ視聴してください。

※動画は特典サイトから見ることもできます（▶ P.9）。

本書で使用している記号
S …主語　V …述語動詞　O …目的語　C …補語　M …修飾語（句）
　※従属節における要素は s，v，o，c のように小文字で表しています。
〈　〉…名詞（句・節）　［　］…形容詞（句・節）　（　）…副詞（句・節）
do …動詞の原形　to do …to 不定詞　doing …現在分詞　done …過去分詞

● もくじ

はじめに ……………………………………………… 2

本書の特長と使い方 ………………………………… 3

動画・音声の利用方法 ……………………………… 9

Part 0 ▶ 英 語 の 基 本

1 基本文型 ……………………………………………… 12

2 句と節 ………………………………………………… 14

3 名詞 …………………………………………………… 15

4 動詞 …………………………………………………… 16

5 形容詞 ………………………………………………… 17

6 副詞 …………………………………………………… 18

7 前置詞 ………………………………………………… 19

8 接続詞 ………………………………………………… 20

Part 1 ▶ 文 型

Chapter 1　SVを見抜く

Lesson 1　短い文のSVを見抜く ……………………… 24

Lesson 2　前置詞から始まる文のSVを見抜く ……… 26

Lesson 3　名詞の後ろに前置詞がある文のSVを見抜く … 28

Lesson 4　動詞の後ろに前置詞がある文のSVを見抜く … 30

Exercise Ⓐ …………………………………………… 32

Chapter 2　Vの後ろを見抜く

Lesson 1　SVOかSVCかを見抜く ………………… 34

Lesson 2　SVOかSVMかを見抜く ………………… 36

Lesson 3　SVO_1O_2かSVOCかを見抜く …………… 38

Exercise Ⓐ …………………………………………… 40

Exercise Ⓑ …………………………………………… 42

Column 1　「映画の中の"lie in"」 ………………… 48

Part 2 ▶ 品 詞

Chapter 1 to *do* を見抜く

Lesson 1 〈一般動詞 + to *do*〉を見抜く ･･････････････････ 50
Lesson 2 〈be 動詞 + to *do*〉を見抜く ･･････････････････ 52
Lesson 3 文頭の to *do* 〜を見抜く ･･･････････････････････ 54
Lesson 4 〈名詞 + to *do*〉を見抜く ･･････････････････････ 56
Lesson 5 〈動詞 + 名詞 + to *do*〉を見抜く ･････････････ 58
Lesson 6 〈for + 名詞 + to *do*〉を見抜く ･･･････････････ 60
Exercise Ⓐ ･･ 62

Chapter 2 *doing* を見抜く

Lesson 1 文頭の *doing* 〜を見抜く ･････････････････････ 64
Lesson 2 〈動詞 + *doing*〉を見抜く ･･･････････････････ 66
Lesson 3 〈, *doing*〉を見抜く ･･･････････････････････････ 68
Lesson 4 〈名詞 + *doing*〉を見抜く① ･････････････････ 70
Lesson 5 〈名詞 + *doing*〉を見抜く② ･････････････････ 72
Exercise Ⓐ ･･ 74

Chapter 3 *done* を見抜く

Lesson 1 文頭の *done* 〜を見抜く ･････････････････････ 76
Lesson 2 〈名詞 + *done*〉を見抜く① ････････････････ 78
Lesson 3 〈名詞 + *done*〉を見抜く② ････････････････ 80
Exercise Ⓐ ･･ 82

Chapter 4 知覚動詞・使役動詞を見抜く

Lesson 1 知覚動詞を見抜く ････････････････････････････ 84
Lesson 2 使役動詞を見抜く ････････････････････････････ 86
Exercise Ⓐ ･･ 88
Exercise Ⓑ ･･ 90
Column ❷ 「アニメの中の "allow O to *do*"」 ････････････ 98

Part 3 ▶ 構 文

Chapter 1 it を見抜く

Lesson 1 It is 〜 to *do* を見抜く ･･････････････････････ 100
Lesson 2 V it 〜 to *do* を見抜く ･･･････････････････････ 102
Exercise Ⓐ ･･･ 104

Chapter 2　関係詞・疑問詞を見抜く①

Lesson 1　what を見抜く 106
Lesson 2　who を見抜く① 108
Lesson 3　who を見抜く② 110
Lesson 4　whom を見抜く 112
Lesson 5　which を見抜く 114
Lesson 6　〈名詞 + sv〉を見抜く 116
Exercise Ⓐ 118

Chapter 3　関係詞・疑問詞を見抜く②

Lesson 1　where を見抜く① 120
Lesson 2　where を見抜く② 122
Lesson 3　when を見抜く 124
Lesson 4　why を見抜く 126
Lesson 5　how を見抜く 128
Exercise Ⓐ 130

Chapter 4　that を見抜く

Lesson 1　〈名詞 + that〉を見抜く 132
Lesson 2　〈so that + sv〉を見抜く 134
Lesson 3　〈so ～ that + sv〉を見抜く 136
Exercise Ⓐ 138

Chapter 5　It is ～ that を見抜く

Lesson 1　〈It is + 形容詞 + that + sv〉を見抜く 140
Lesson 2　〈It is + 名詞 + that ～〉を見抜く① 142
Lesson 3　〈It is + 名詞 + that ～〉を見抜く② 144
Lesson 4　〈It is + 副詞 + that ～〉を見抜く 146
Exercise Ⓐ 148
Exercise Ⓑ 150
Column③　「映画の中の〝強調構文〟」 156

巻末付録❶　覚えておきたい語彙・表現 158
巻末付録❷　復習のための例文一覧 164

装丁・本文デザイン：相京厚史（next door design）　カバーイラスト：Loose Drawing
特典サイトデザイン：牧野剛士　録音：株式会社巧芸創作　ナレーター：Julia Yermakov
校正：土岐田健太，杉村年彦，山本知子，白石あゆみ，有限会社マイプラン，Ross Tulloch
編集協力：日本アイアール株式会社　編集担当：上原 英

● 動画・音声の利用方法

　この本には，スマートフォン・タブレット・パソコンなどを通して無料で視聴できる動画・音声が付属しています。

▶動画の利用方法

　Lesson と Exercise Bの解説動画を二次元コード・特典サイトで視聴することができます。

二次元コードで視聴する
❶Lesson・Exercise Bの各ページにある二次元コードをスマートフォン・タブレットで読み込む
❷解説動画をウェブ上で再生

特典サイトで視聴する
❶パソコン・スマートフォン・タブレットからインターネットで専用サイトにアクセス

https://service.obunsha.co.jp/tokuten/ble/

❷お持ちの書籍をクリック
❸「動画を見る」をクリック
❹解説動画の一覧から視聴したい動画をクリックして再生

注意 ●ご使用機器などに関する技術的なご質問は，ハードメーカーもしくはソフトメーカーにお問い合わせください。●動画を再生する際の通信料にご注意ください。●本サービスは予告なく終了することがあります。

▶音声の利用方法

　例文の音声を二次元コード・特典サイト・旺文社公式リスニングアプリ「英語の友」（iOS/Android）で聞くことができます。

二次元コードで聞く

❶「復習のための例文一覧」（▶P.164）の右ページにある二次元コードをスマートフォン・タブレットで読み込む
❷音声ファイルをウェブ上でストリーミング再生

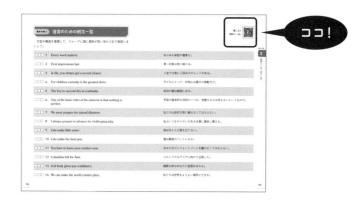

特典サイトで聞く

❶パソコンからインターネットで専用サイト（▶P.9）にアクセス
❷お持ちの書籍をクリック
❸「音声を聞く」をクリック
❹パスワード「bler」をすべて半角英数字で入力して，音声ファイルをダウンロードまたはウェブ上でストリーミング再生

注意 ●ダウンロードについて：スマートフォンやタブレットでは音声をダウンロードできません。●音声ファイルはMP3形式です。ZIP形式で圧縮されていますので，解凍（展開）して，MP3を再生できるデジタルオーディオプレーヤーなどでご活用ください。解凍（展開）せずに利用されると，ご使用の機器やソフトウェアにファイルが認識されないことがあります。デジタルオーディオプレーヤーなどの機器への音声ファイルの転送方法は，各製品の取り扱い説明書などをご覧ください。●ご使用機器，音声再生ソフトなどに関する技術的なご質問は，ハードメーカーもしくはソフトメーカーにお問い合わせください。●音声を再生する際の通信料にご注意ください。●本サービスは予告なく終了することがあります。

旺文社公式リスニングアプリ「英語の友」（iOS/Android）で聞く

❶「英語の友」公式サイトよりアプリをインストール

（右の二次元コードからも読み込めます）

https://eigonotomo.com/

❷ライブラリよりお持ちの書籍を選び，「追加」ボタンをタップ

注意 ●本アプリの機能の一部は有料ですが，本書の音声は無料でお聞きいただけます。●アプリの詳しいご利用方法は「英語の友」公式サイト，あるいはアプリ内のヘルプをご参照ください。●本サービスは予告なく終了することがあります。

Part

0

英語の基本

　Part 0 では「基本文型」，「句と節」の考え方，名詞や動詞といっ
た「品詞」の考え方の基本をまとめています。
　ここですべてを覚える必要はありませんが，非常に重要な考え方
なので，一通り目を通し，全体像をつかみましょう。Part 1 以降に
進んでも「基本文型」や「句と節」，「品詞」がわからなくなったと
きは，ここに戻って確認しましょう。

基本文型

▼動画でわかる！

英語は〈S（主語）＋V（述語動詞）〉が基本の骨格となります。述語動詞とは，主語について「述べる」動詞で，主語の状態や動作を表します。

基本文型とはこのSVに続く形を5つに分類したものです。

第1文型〈SV〉
第2文型〈SV＋C（補語）〉
第3文型〈SV＋O（目的語）〉
第4文型〈SV＋O₁（目的語）＋O₂（目的語）〉
第5文型〈SV＋O（目的語）＋C（補語）〉

▶第1文型〈SV〉とは？

Ana moved (to New York).　アナはニューヨークに引っ越した。
S　　V　　　　　M

- 第1文型で使われる**動詞は自動詞**（＝目的語（O）をとらない動詞）です。
- 副詞としてはたらく**修飾語（M）を伴うことが多い**です。

▶第2文型〈SV＋C（補語）〉とは？

She became an actress.　彼女は女優になった。
S　　V　　　C

- 第2文型で使われる**動詞は自動詞**です。
- 主語または目的語の性質や状態を表す語（句）を補語（C）と呼びます。
- CはSの説明となり，〈S＝C〉の関係が成り立ちます。

▶第3文型〈SV＋O（目的語）〉とは？

> She speaks Spanish and English. 　彼女はスペイン語と英語を話す。
> 　S　　V　　　　O

- 第3文型で使われる**動詞は他動詞**（＝目的語（O）をとる動詞）です。
- 第2文型と異なり，**〈S≠O〉の関係**になります。

▶第4文型〈SV＋O₁（目的語）＋O₂（目的語）〉とは？

> The director gave her an important role. 　監督は彼女に重要な役を与えた。
> 　　　S　　　　V　　O₁　　　O₂

- 第4文型で使われる**動詞は他動詞**です。**目的語（O）を2つ**とります。
- 第4文型で使われる動詞は**「与える」**という意味を根底にふくむことが多いです。
- **O₁には「だれに」**与えるか，**O₂には「何を」**与えるかを表す語(句)がきます。
- 第4文型をとる動詞：
  give「O₁にO₂を与える」　　　send「O₁にO₂を送る」
  show「O₁にO₂を見せる」　　　tell「O₁にO₂を伝える」
  buy「O₁にO₂を買う」　　　　make「O₁にO₂を作る」
  find「O₁にO₂を見つける」　　　　　　　　　　　　　　　　など

▶第5文型〈SV＋O（目的語）＋C（補語）〉とは？

> She makes the movie exciting. 　彼女がその映画をワクワクするものにしている。
> 　S　　V　　　O　　　　C

- 第5文型で使われる**動詞は他動詞**です。**目的語（O）と補語（C）**をとります。
- Cは**O**の説明となり，**〈O＝C〉の関係**が成り立ちます。
- 第5文型をとる動詞：
  make「OをCにする」　　　　keep「OをCに保つ」
  think「OをCだと思う」　　　find「OがCだとわかる」　　　など

② 句と節

　例えばcatは１単語の名詞ですが，the cute catのように冠詞や形容詞などがついて２語以上の名詞のカタマリになることがあります。このような２語以上の単語からできる意味のカタマリを「句」，または「節」と呼びます。英文解釈ではこの「カタマリ」を意識することが大切です。

▶句とは？

　SVをふくまない２語以上のカタマリです。形容詞がついた名詞などのほか，不定詞，動名詞，分詞などが「句」を作ります。名詞のカタマリを作る場合は「名詞句」となり，同じように「形容詞句」「副詞句」があります。

> 　　　名詞句　　　　　　　形容詞句
> I want 〈a big suitcase〉 [made in Germany].
>
> 私はドイツ製の大きなスーツケースが欲しい。

▶節とは？

　SVをふくむ２語以上のカタマリです。接続詞や関係詞が「節」を作り，「名詞節」「形容詞節」「副詞節」があります。ifが節を作る場合は「if節」，関係詞が節を作る場合は「関係詞節」のように，特定の単語や品詞に「節」をつけて呼ぶこともあります。

> 副詞節　　　　　　　　　　　　　　　　名詞節
> 〈If it is sunny tomorrow〉, I will do 〈what I want〉.
> 　　S V　　　　　　　　　　　　　　　　　 S V
> もし明日晴れたら，したいことをする。

③ 名詞

▶名詞とは？

人，動物，モノ，コトなどを表す語です。

名詞	普通名詞	man「男性」，cat「猫」など
	固有名詞	人名，地名など
	代名詞	I，my，they，their など
名詞のカタマリ	名詞句	to do「…すること」など
	名詞節	that＋sv「…ということ」など

▶名詞の役割は？

主語（S），他動詞の目的語（O），補語（C），前置詞の目的語になります。

1. The man has two cats.　　その男性は猫を 2 匹飼っている。

The man が S，two cats が**他動詞 has の O** になっています。

2. Their names are Marie and Nikola.　　彼女たちの名前はマリーとニコラだ。

Their names が S，Marie and Nikola が C になっています。

3. They live in Fukuoka.　　彼らは福岡に住んでいる。

They が S，Fukuoka が**前置詞 in の目的語**になっています。

▶名詞のカタマリを作るものは？

1. 不定詞の名詞的用法

I like **to play** the piano.　　私はピアノを弾くことが好きだ。

2. 動名詞

He left without **saying** good-bye.　　彼はさよならを言うことなく去った。

3. 従属接続詞（that，if，whether など）　▶P.21

I think **that** she is honest.　　私は，彼女は正直だと思う。

4. 疑問詞（who，which，what，when，where，why，how など）

I know **who** broke the window.　　私はだれが窓を割ったのか知っている。

5. 関係代名詞の what など

What I said is true.　　私が言ったことは本当だ。

▼ 動画でわかる！

④ 動詞

▶動詞とは？

動作や状態などを表す語です。

一般動詞	have「〜を持っている」，live「住んでいる」など
be動詞	is，am，areなど
句動詞	look after 〜「〜の面倒を見る」など

▶動詞の役割は？

述語動詞（V）や to do などのカタマリの一部になります。

1. The man has two cats. その男性は猫を2匹飼っている。

has が V になっています。

2. Her dream is to be a teacher. 彼女の夢は教師になることだ。

is が V，be は to do のカタマリの一部になっています。

▶セットでVと考えてよいものは？

以下の表現はセットでVと考えたほうが理解しやすくなります。

1. 〈助動詞＋ do〉

I **can do** this all day. 一日中これをやれるぞ。

2. 進行形〈be動詞＋ doing〉

He **is watching** a movie now. 彼は今，映画を見ている。

3. 受動態〈be動詞＋ done〉

Rome **was not built** in a day.

ローマは1日にしてならず。（＝ローマは1日で作られなかった。）

4. 〈動詞＋ to do〉（want to do など）

I **want to buy** some flowers. 花を買いたい。

5. 〈be動詞＋形容詞＋ to do〉

You **are sure to pass** the exam. あなたはきっと試験に合格する。

⑤ 形容詞

▼ 動画でわかる！

▶形容詞とは？

状態，性質，数量などを表す語です。

形容詞	形容詞	happy「幸福な」，two「2の」など
形容詞のカタマリ	形容詞句	to do「…するための」など
	形容詞節	who 〜，which 〜など

▶形容詞の役割は？

名詞を修飾する，もしくは補語（C）になります。

＊黒の下線は形容詞に修飾・説明される対象を表す。

1. I have two cute cats.　私はかわいい猫を2匹飼っている。

two と cute がそれぞれ**名詞のcats を修飾**しています。

2. The cats are cute.　その猫たちはかわいい。

cute が The cats の性質を説明する**C** になっています。

3. He has some work to do.　彼にはするべきことがいくらかある。

some と to do がそれぞれ**名詞のwork を修飾**しています。

▶形容詞のカタマリを作るものは？

1. 〈前置詞＋名詞〉　▶P.19

The glasses **on the desk** are mine.　机の上のメガネは私のものだ。

2. 不定詞の形容詞的用法

I have a lot of things **to do**.　私にはするべきことがたくさんある。

3. 現在分詞の形容詞的用法

Do you know the girl **playing** with Nikola?

ニコラと遊んでいる女の子を知っていますか。

4. 過去分詞の形容詞的用法

I have a cat **named** Marie.　私はマリーと名づけられた猫を飼っている。

5. 関係代名詞（who, whom, which, that など）

I have a friend **who** likes movies.　私には映画好きの友だちがいる。

6. 関係副詞（where, when, why, how）

I remember the day **when** I saw you.　私はあなたに会った日を覚えている。

⑥ 副詞

▶副詞とは？

時，場所，頻度，程度などを表す語です。

副詞	副詞	slowly「ゆっくりと」など
副詞のカタマリ	副詞句	to do「…するために」，to Tokyo「東京に」，last month「先月」など
	副詞節	if + sv「もし…なら」など

▶副詞の役割は？

動詞，形容詞，副詞，文全体などを修飾します。

＊黒の下線は副詞に修飾される対象を表す。

1. He spoke slowly. 　彼はゆっくり話した。

slowly が**動詞の spoke を修飾**しています。

2. I went to the café last month. 　私は先月そのカフェに行った。

to the café と last month がそれぞれ**動詞の went を修飾**しています。

▶副詞のカタマリを作るものは？

1. 〈前置詞＋名詞〉　▶P.19

I went **to Tokyo**. 　私は東京に行った。

2. 不定詞の副詞的用法

I got up early **to finish** the job. 　私はその仕事を終わらせるために早く起きた。

3. 分詞構文（現在分詞の副詞的用法）

He was jogging, **listening** to music.

彼は音楽を聞きながら，ジョギングをしていた。

4. 分詞構文（過去分詞の副詞的用法）

Seen from here, the rock looks like a rabbit.

ここから見ると，その岩はウサギのように見える。

5. 従属接続詞　▶P.21

If the rock is seen from here, it looks like a rabbit.

ここから見ると，その岩はウサギのように見える。

⑦ 前置詞

▶前置詞とは？

名詞の前に置き，場所や状態などさまざまな意味を表す語です。

例）at, on, in, to, for など

▶前置詞の役割は？

〈前置詞＋名詞〉の組み合わせで，**副詞句や形容詞句**を作ります。

原則，副詞句と形容詞句を作りますが，熟語の一部として考えることもあります。

1. They <u>live</u> in Fukuoka.　彼らは福岡に住んでいる。

in Fukuoka が live を**修飾する副詞句**になっています。

2. People in Fukuoka are very friendly.　福岡の人々はとても親しみやすい。

in Fukuoka が People を**修飾する形容詞句**になっています。

3. She looks after her cats.　彼女は猫の面倒を見る。

after が look after 〜「〜の面倒を見る」という**熟語の一部**になっています。

▶セットで前置詞（群前置詞）と考えるものは？

1. because of 〜「〜の理由で，〜のため」

The game was canceled **because of** heavy rain.

大雨のため，試合は中止された。

2. according to 〜「〜によると」

According to the weather forecast, it will rain tomorrow.

天気予報によると，明日は雨だ。

▶その他の群前置詞

in spite of 〜「〜にもかかわらず」　　due to 〜「〜のせいで」

thanks to 〜「〜のおかげで」　　instead of 〜「〜の代わりに」

など

⑧ 接続詞

接続詞には，等位接続詞と従属接続詞の２種類があります。

▶等位接続詞とは？

語と語，句と句，文と文などを【対等に結びつける】（＝並列にする）語です。

例）and，but，or，nor，for，so など

▶等位接続詞の役割は？

文法的に等しい要素を並列にします。

and などの等位接続詞を見たら，何と何が並列になっているかを考えましょう。名詞と名詞，動詞と動詞，文と文など，文法的に等しいものを探します。

1. He studies Japanese and English.　彼は日本語と英語を学んでいる。

He studies {
  Japanese
  and
  English.
}

and が Japanese と English の**２つの名詞**を**並列**にしています。studies の目的語が Japanese であり，かつ English でもあるということになります。

2. They have seen and heard those things before.

彼らはそういったことを以前に見聞きしたことがある。

They have {
  seen
  and
  heard
} those things before.

and が seen と heard の**２つの動詞の過去分詞**を**並列**にしています。

3. This house is five years old and has a nice kitchen.

この家は築5年で，すてきなキッチンがある。

$$
\text{This house} \begin{cases} \text{is five years old} \\ \boxed{\text{and}} \\ \text{has a nice kitchen.} \end{cases}
$$

andがis five years oldとhas a nice kitchenの**2つの動詞から始まるカタマリを並列**にしています。

4. They left, and we remained.　彼らは去り，私たちは残った。

$$
\begin{cases} \text{They left,} \\ \boxed{\text{and}} \\ \text{we remained.} \end{cases}
$$

andがThey leftとwe remainedの**2つの文を並列**にしています。

▶**従属接続詞とは？**

主節（メイン）と従属節（サブ）の**2つの節を結びつける語**です。

例）if，when，that，since，asなど

▶**従属接続詞の役割は？**

副詞節，もしくは名詞節を作ります。

従属接続詞を見たら，どこまでがその接続詞が作るカタマリなのかを考えましょう。

1. If it rains tomorrow, I'll stay at home.　もし明日雨が降ったら，家にいるだろう。

(If it rains tomorrow), I'll stay at home.
　　　従属節　　　　　　　　　主節

If it rains tomorrowは主節を修飾する副詞節となっています。

Part

0

英語の基本

21

2. I don't know if it will rain tomorrow.　明日雨が降るかどうかはわからない。

I don't know 〈if it will rain tomorrow〉.
　主節　　　　　　従属節

if it will rain tomorrow は名詞節で know の目的語になっています。

3. You should hurry up because if you're late, he'll get angry.

君は急ぐべきだよ。もし遅れたら彼は怒るだろうから。

You should hurry up (because (if you're late), he'll get angry).
　主節1　　　　　　　　従属節1　　　従属節2　　　　主節2

because ～ angry が副詞節となっています。さらにその中に if you're late という副詞節があります。このように従属節の中がさらに従属節と主節の構造になっていることもあります。if you're late は he'll get angry を修飾し，because 以下は You should hurry up を修飾しています。

▶接続詞と前置詞が紛らわしいもの

意味	接続詞	前置詞
期間「～の間」	while	during
期限「～までに」	by the time	by
理由「～なので」	because since	because of due to owing to
譲歩「～けれども」	though although	in spite of despite
継続「～までずっと」	till until	
時間「～以来」	since	
時間「～前」	before	
時間「～後」	after	

文型

　ここでは，英文の骨格となるSVや文型の判別をマスターしましょう。SVや文型が見抜けるようになれば，確実に英語が読めるようになっていきます。すべての基本になるので，頑張りましょう！

動画でわかる！

短い文のSVを見抜く

英文には**短くてもS（主語）とV（述語動詞）がある**のが基本です。動詞がないように見える文のSVも見抜けるようにしていきましょう。

> **例文 1**　次の英文のSVを把握して，意味を考えましょう。
>
> ## Every word matters.

英文では，**前に前置詞がついていない最初の名詞がS**になります。Everyは形容詞なので，wordが最初の名詞ですね。Every wordでまとめてSと考えます。everyは〈every＋名詞の単数形〉の形で使います。

そして，英文にはSVがあるため，**残ったmattersがV**になります。
mattersの –sは〈3単現の –s〉です。「問題」の意味の名詞だと考えたかもしれませんが，実は**matterは名詞だけでなく，動詞として使うこと**もできます。動詞のmatterは「重要である」という意味になります。
この例文のように〈3単現の –s〉がついている動詞と考えられる語があると，SVを見抜く際の大きなヒントになります。

> **図解 1**
>
> Every word matters.
> 　　S　　　　V

福岡大学の和訳問題でThis matters because .... という文が出たときは，単数を表すThisや〈3単現の –s〉があるにもかかわらず，This mattersを「この問題」と訳す受験生が続出しました。正しい訳は「これは…なので重要である」になりますね。

> **例文訳 1**　あらゆる単語が重要だ。

例文 2 次の英文の SV を把握して，意味を考えましょう。

First impressions last.

First impressions が，前に**前置詞**がついていない**最初の名詞**ですね。つまりこれが S になります。

そして，**残った last が V になると考えられます**。last は「最後の」という意味の形容詞だと考えたかもしれませんが，**last も形容詞だけでなく，動詞として使うことができます**。動詞の last は「続く，残る」という意味になります。

図解 2

First impressions <u>last</u>.
   S   V

動詞の last は，The rain won't <u>last</u> long.「雨は長くは続かないだろう」という形で共通テストに出たこともあります。

英語では，ほとんどの単語が複数の品詞になり得ます。意味と品詞は必ずセットで覚えるようにしましょう。今回の matter や last のように，意外な単語が動詞になることがあるため，動詞になり得る注意すべき単語を覚えましょう ▶P.158 。

文中でどの品詞で使われているかを考えながら辞書を引くのが，意味を正しく覚え，単語を理解するためのコツです。知っていると思う単語でも，辞書を引いて品詞と意味を確認する習慣をつけましょう。

まとめ

1. 短い文でも SV があるのが基本。
2. 前に前置詞のつかない最初の名詞が S になる。
3. 動詞になり得る意外な単語を覚える。

例文訳 2 第一印象は残り続ける。

前置詞から始まる文の SV を見抜く

Lesson 2

動画でわかる！
▼

〈前置詞＋名詞〉は副詞句や形容詞句になります。特に**文頭にある〈前置詞＋名詞〉は副詞句でほぼ決まり**です。まずはこの副詞句を見極めた上で，文のSVを見抜けるようにしていきましょう。

例文3　次の英文の SV を把握して，意味を考えましょう。

In life, you always get a second chance.

最初の名詞はlifeですが，前に前置詞がついているためSにはなりません。**In life**は〈**前置詞＋名詞**〉で副詞句になっています。このように**文頭に副詞句がある場合，副詞句は文全体を修飾**します。「人生において」と訳しましょう。

あとは，残りの部分でSVを考えます。前に前置詞のつかない最初の名詞youがS，getがV，a second chanceがOとなります。

図解3

(In life), you always get a second chance.
副　　　　　S　　　　　　V　　　O

youは「あなた」ではなく総称的に「（すべての）人」と訳すと自然な意味になります。日本語では省略されることが多いため，無理に訳出しなくてもOKです。

この例文ではコンマ〈,〉があり，どこまでが〈前置詞＋名詞〉なのかがわかりやすかったと思いますが，次はコンマがないパターンを練習しましょう。

例文訳3　人生では常に2回めのチャンスがある。

例文 4 次の英文のSVを把握して，意味を考えましょう。

For children curiosity is the greatest drive.

curiosity 名 好奇心　drive 名 原動力

　For children を〈前置詞＋名詞〉と判断しましょう。**基本的に前置詞とセットになる名詞は1つです。**例文3と異なり，コンマがないためどこまでが副詞句なのかわかりにくいですが，まずは直後のchildrenとセットにして考えましょう。

　ここでも**文頭の〈前置詞＋名詞〉が文全体を修飾する副詞句**になります。「子どもにとって」と訳しましょう。For childrenがcuriosityを修飾する形容詞句だと解釈しないように注意してください。形容詞句になる場合は，〈前置詞＋名詞〉は名詞の後ろに続きます。

　残りの部分の，前に前置詞のつかない最初の名詞curiosityがS，続くisがV，the greatest driveはCになります。

図解 4

(For children) curiosity is the greatest drive.
　副　　　　　　　 S　　 V　　　　 C

　the greatestは「最も大きな」という意味です。driveには名詞だと「運転」以外に「原動力」という意味もあります。

まとめ

1. 文頭の〈前置詞＋名詞〉は副詞句で，文全体を修飾する。

2. 前置詞は1つの名詞とセットになるのが基本。

〉例文訳 4 〉 子どもにとって，好奇心は最大の原動力だ。

Lesson 3 名詞の後ろに前置詞がある文のSVを見抜く

動画でわかる！
▼

Sになる名詞の後ろに〈前置詞＋名詞〉がある場合，SVが見抜きにくくなります。ここでは**Sがやや長くなるパターン**を２つ練習しましょう。

例文 5 　次の英文のSVを把握して，意味を考えましょう。

The key to success lies in continuity.

continuity 名 継続

前に前置詞がつかない最初の名詞のThe keyがSです。後ろのto successは〈前置詞＋名詞〉で副詞句か形容詞句になりますが，**名詞の後ろにある〈前置詞＋名詞〉は名詞を修飾する形容詞句になることが多いで**す。to successがThe keyを修飾する形容詞句だと考えると，「成功の鍵(かぎ)」という自然な意味になりますね。

次にはVが続く可能性が高いため，liesは「嘘」という意味の名詞ではなく，「ある，横たわる」という意味の動詞lieに〈3単現の‑s〉がついたものだと判断しましょう。

文末のin continuityはliesを修飾する副詞句になっています。

図解 5

The key [to success] lies (in continuity).
　S　　　↳　　　　　V　副

lies in 〜は「〜にある」という意味の熟語だと判断してもOKです。The key to *A* lies in *B*.「Aの鍵はBにある」という形はよく使われるため，覚えておきましょう。

この例文では名詞の後ろの〈前置詞＋名詞〉は１つだけでしたが，複数続くこともあります。その場合もまずは形容詞句だと考えるようにしましょう。

例文訳 5 　成功の鍵は継続にある。

例文 6 次の英文のSVを把握して，意味を考えましょう。

One of the basic rules of the universe is that nothing is perfect.

　前に前置詞がつかない最初の名詞のOneがSです。後ろにあるof the basic rules が〈前置詞＋名詞〉でOneを修飾する形容詞句だと判断しましょう。

　例文6では，さらにrulesの後ろにof the universeが続いています。こちらも名詞の後ろの〈前置詞＋名詞〉なので形容詞句だと考えましょう。the basic rulesを修飾していると考えると，One 〜 universeを「宇宙の基本的な法則の1つ」という自然な意味でとらえることができます。

　続くisがVです。thatは名詞節を作り，全体はSVCの文になっています。

図解 6

One [of the basic rules [of the universe]]
　S

is 〈that nothing is perfect〉.
V　　　　　　C

　前置詞とセットになる名詞は1つが基本ですが，この例文のようにセットになる名詞がさらに形容詞（句）で修飾されて長くなる場合もあるので，覚えておいてください。

まとめ

1. 名詞の後ろの〈前置詞＋名詞〉は形容詞句になり，名詞を修飾するのが基本。

2. 〈前置詞＋名詞〉の中の名詞に，形容詞や〈前置詞＋名詞〉などの修飾語がつくこともある。

例文訳 6 宇宙の基本的な法則の1つは，完璧なものは何もないというものだ。

Lesson 4 動詞の後ろに前置詞がある文のSVを見抜く

動画でわかる！
▼

動詞の後ろに〈前置詞＋名詞〉がある場合，**動詞の定番の形（熟語）な**のか，**動詞の後ろに〈前置詞＋名詞〉が挿入されているの**かを判断する必要があります。

> 例文 7　次の英文のSVを把握して，意味を考えましょう。

We must prepare for natural disasters.

前に前置詞がつかない最初の名詞のWeがSですね。〈助動詞＋ *do*〉は必ずVになるためmust prepareがVです。

for natural disastersが〈前置詞＋名詞〉ですが，prepareは**prepare for ～**で「**～に備える**」という**熟語**として使われることが多く，例文のforはこの熟語の一部だと考えられます。

厳密にはfor以下は前に名詞がないことから副詞句と判断できますが，**prepare for ～のような定番の形を覚えておくとより速く英文を読める**ようになります。

> 図解 7

We must prepare (for natural disasters).
S　　　V　　　　　副

熟語なのか，VとOの間に〈前置詞＋名詞〉が挿入されているのかは，ある程度熟語などを覚えていないと判断できません。

prepareにはほかにも prepare *A* for *B*「BのためにAを用意する」，*be* prepared for ～「～の覚悟ができている」，*be* prepared to *do*「…する覚悟ができている」といった定番の形があるので，覚えておきましょう。

> 例文訳 7　私たちは自然災害に備えなくてはならない。

> 例文 **8** 次の英文の SV を把握して，意味を考えましょう。

I always prepare in advance for challenging jobs.

challenging 形 やりがいのある

前に前置詞がつかない最初の名詞の I が S です。always は副詞なので，SV を考えるときは無視しましょう。次の prepare が V になります。

in advance が〈前置詞＋名詞〉，さらにそのあとの for challenging jobs も〈前置詞＋名詞〉になっています。

ここで例文 7 で紹介した定番の形が活躍します。prepare の後ろには in がありますが，prepare の定番の形に prepare in 〜はありませんでしたね。**定番の形を探しながら読む**と advance の後ろに for が見つかります。**prepare for 〜は定番の形**でした。この for が prepare とつながっていると判断します。

つまりこの文は prepare for challenging jobs「やりがいのある仕事に備える」の中に**副詞句の in advance「事前に」が挿入された形**になっています。

> 図解 **8**

I always prepare (in advance) (for challenging jobs).
S   V   副   副

副詞句が挿入されると文構造が途端につかみにくくなります。このような場合は，**動詞が作る定番の形を常に意識して読む**ようにしましょう。

> まとめ

1. 動詞の後ろに〈前置詞＋名詞〉があるときは，まず動詞が作る定番の形（熟語）を考える。

2. 定番の形を探しながら読み，動詞と前置詞の組み合わせが定番の形ではない場合は〈前置詞＋名詞〉の挿入を想定する。

> 例文訳 **8** 私はいつもやりがいのある仕事に事前に備える。

Part 1 Chapter 1 Exercise Ⓐ

次の英文のＳ（主語）とＶ（述語動詞）を選びましょう。

解答・解説

❶ Jobs matter. ▶

❷ During the vacation, she went to Taiwan. ▶

❸ In April the man moved into a new apartment. ▶

❹ I had to pay in advance for the product. ▶

❺ Many of the students in my class can speak English. ▶

解答

1 S：Jobs　　　　V：matter　　**2** S：she　V：went
3 S：the man　　　V：moved　　**4** S：I　　V：had to pay
5 S：Many of the students in my class　　　V：can speak

解説

1　前に前置詞がついていない最初の名詞の **Jobs** が S です。残った **matter** が V となります。　　　　　　　　　　　　　　　　　　　　　▶Lesson1

〉英文訳〉仕事は重要だ。

2　During the vacation は〈前置詞＋名詞〉で副詞句です。前に前置詞がついていない最初の名詞の **she** が S，**went** が V。続く to Taiwan は〈前置詞＋名詞〉で副詞句です。　　　　　　　　　　　　　　　　　　　　▶Lesson2・4

〉英文訳〉休暇の間，彼女は台湾に行った。

3　In April は〈前置詞＋名詞〉で副詞句。前に前置詞がついていない最初の名詞の **the man** が S，**moved** が V。into a new apartment は〈前置詞＋名詞〉で副詞句です。　　　　　　　　　　　　　　　　　　　▶Lesson2・4

〉英文訳〉4月に，男性は新しいアパートに引っ越した。

4　**I** が S，had to は助動詞なので **had to pay** がセットで V です。in advance は〈前置詞＋名詞〉で副詞句，for the product も〈前置詞＋名詞〉で副詞句です。　　　　　　　　　　　　　　　　　　　　　　　　　▶Lesson4

〉英文訳〉私はその製品の代金を前もって払わなければならなかった。

5　of the students と in my class が〈前置詞＋名詞〉ですが，それぞれ名詞の後ろにあることや意味から形容詞句だと判断します。つまり **Many of the students in my class** が S，**can speak** が V です。　　　　　　　▶Lesson3

〉英文訳〉私のクラスの生徒の多くが英語を話すことができる。

SVOかSVCかを見抜く

動画でわかる！
▼

〈SV＋名詞〉のようにVの後ろに名詞が1つ続く場合，**SVO**か**SVC**かを判別する必要があります。

例文 9　次の英文の構造を把握して，意味を考えましょう。

Cats make little noise.

前に前置詞のつかないCatsがS，続くmakeがVです。では，little noiseがOかCかを考えましょう。

基本的には〈S＝名詞〉の関係が成り立てば**SVC**，〈S≠名詞〉であれば**SVO**だと判別します。
この例文では「**Cats≠little noise（猫≠ほとんどない音）**」であるため，little noiseは**O**だと判断できます。

図解 9

Cats make little noise.　　（Cats ≠ little noise）
　S　　V　　　O

make (a / some) noiseは「音を立てる」という意味になります。littleは「ほとんどない」という否定語です。そのまま訳すと「猫はほとんどない音を立てる」となり，不自然ですね。動詞を否定するように「猫はほとんど音を立てない」とすれば自然な訳になります。

〉例文訳 9 〉猫はほとんど音を立てない。

例文 **10** 次の英文の構造を把握して，意味を考えましょう。

Cats make the best pets.

前に前置詞のつかないCatsがS，makeがVです。the best petsがO
かCかを考えましょう。

「Cats ＝ the best pets（猫＝最高のペット）」という関係が成り立つた
め，the best petsはCです。つまりSVCになります。
　意外かもしれませんが，makeはSVCでも使うことができ，「〜になる
（素質がある）」という意味になります。

図解 **10**

Cats make the best pets.　　（Cats ＝ the best pets）
　S　　V　　　C

　このSVCで使われるmakeは立教大学の空所補充問題で Orangutans
make poor pets.「オランウータンはよいペットにはならない」のmake
を問う形で出題されたことがあります。

　makeと同じようにgetやcomeもSVCで使うと「〜になる」という意
味になります。英語では「文型で意味が決まる」ことが多いです。詳しく
は次のLessonで触れますが，動詞の意味は文型とセットで覚えるように
するとよいでしょう。

　ちなみに，Vの後ろに続くのが名詞ではなく形容詞の場合も，〈S ＝形容
詞〉の関係が成り立てばSVCです。

まとめ

1.　〈SV ＋名詞〉の場合，〈S ＝名詞〉が成り立つかを考える。
2.　〈S ＝名詞〉であればSVCだと判断する。
3.　〈S ≠名詞〉であればSVOだと判断する。

〉例文訳 **10**　猫は最高のペットになる。

動画でわかる！
▼

SVOかSVMかを見抜く

Lesson **2**

今回は，同じ動詞でも文型によって意味が変わるパターンに触れていきましょう。**SVO**と**SVM**の区別，つまりVが他動詞か自動詞かの区別は，基本的には，**Vの後ろに名詞が続くか，副詞（句）が続くかで判断**します。

例文 11 次の英文の構造を把握して，意味を考えましょう。

You have to leave your comfort zone.

comfort zone **名** コンフォートゾーン（自分が快適に過ごせる領域）

前に前置詞のつかないYouがS，have to leaveが〈助動詞＋*do*〉でVです。

your comfort zoneは**名詞**なので，〈S＝名詞〉が成り立つかを考えると，「You ≠ your comfort zone（あなた ≠ コンフォートゾーン）」のため，**SVO**だと判断できます。

leaveはSVOで他動詞として使う場合，「〜を離れる，〜を残す」などの意味になります。ここでは「コンフォートゾーンを離れる」としましょう。ちなみに，「コンフォートゾーンを離れる」とは「リスクを取っても新しいことに挑戦する」ことなどを表す言い回しです。

図解 11

You have to leave your comfort zone. （You ≠ your comfort zone）
　S　　　V　　　　　　　O

次もleaveをふくむ文を見てみましょう。

例文訳 11 あなたはコンフォートゾーンを離れなくてはならない。

例文 **12** 次の英文の構造を把握して，意味を考えましょう。

Columbus left for Asia.

前に前置詞のつかないColumbusがS，leftがVです。

for Asiaが〈前置詞＋名詞〉でleftを修飾する副詞句で，SVMになっていると判断しましょう。

leaveは自動詞では「出発する」などの意味があり，leave for 〜の形で使うと「〜に向けて出発する」という意味になります。

図解 **12**

Columbus left (for Asia).
　　S　　　V　　　副

例文11ではleaveはSVOで使われていましたが，例文12ではSVMで使われています。

このように**多くの動詞がどの文型で使われるかによって異なる意味を持つ**ため，文型と意味はセットで覚える必要があります。

「この意味だったら他動詞なので○が必要だ」，「○が続く形だから他動詞の意味だ」などのように，**「意味→形」と「形→意味」の両方の流れを相互にヒントにして文構造を考える**ことができるようになると，英文をより速く，正確に読むことができるようになります。

まとめ

1. Vの後ろが名詞で〈S≠名詞〉ならSVO，Vの後ろが副詞(句)ならSVM。
2. 多くの動詞が文型によって異なる意味を持つ。
3. 意味と形の両方をヒントにして文構造を把握する。

例文訳 **12** コロンブスはアジアに向けて出発した。

Lesson 3 SVO₁O₂かSVOCかを見抜く

動画でわかる！▼

〈SVO＋名詞〉のようにSVOの後ろにさらにもう1つ名詞が続いている場合は，SVO_1O_2なのか**SVOC**なのかを判別する必要があります。

例文 13 次の英文の構造を把握して，意味を考えましょう。

A fit body gives you confidence.

fit **形** 健康な

A fit bodyがS，givesがVです。youはSと〈S≠名詞〉の関係のため，givesのOになります。

またその後ろに名詞のconfidenceが続いていることから，この文ではさらにSVO_1O_2かSVOCかを判別する必要があります。

〈SVO＋名詞〉のOと名詞が**〈O≠名詞〉の関係**であればSVO_1O_2，**〈O＝名詞〉の関係**が成り立てば**SVOC**と判断しましょう。

ここでは「you＝confidence（あなた＝自信）」という関係は成り立ちそうにありません。つまり**〈O≠名詞〉**なのでSVO_1O_2です。

図解 13

A fit body	gives	you	confidence.	（you ≠ confidence）
S	V	O₁	O₂	

give O_1O_2 は「O_1にO_2を与える」というSVO_1O_2の定番の形になります。giveのようにSVO_1O_2で使われる動詞は「与える」の意味が根底にあることも覚えておくとよいでしょう。

ちなみにgiveはSVOCの形をとらない動詞なので，Vにgiveが使われている時点でSVOCの可能性を除外することもできます。

> **例文訳 13** 健康な体はあなたに自信を与える。

次の英文の構造を把握して，意味を考えましょう。

We can make the world a better place.

WeがS，can makeがVです。the worldはSと〈S≠名詞〉の関係のため，makeのOになります。

その後ろにさらに名詞のa better placeが続くため，SVO$_1$O$_2$になるのかSVOCになるのかを判別しましょう。

ここでは「the world＝a better place（世界＝よりよい場所）」の関係が成り立ちますね。つまり**〈O＝名詞〉なのでSVOC**です。

図解 14

We can make the world a better place. (the world ＝ a better place)
S　　V　　　O　　　　　C

make OCは「OをCにする」というSVOCの定番の形です。SVOCはmake OC「OをCにする」やfind OC「OをCだと思う，OがCだとわかる」のような「〈O＝C〉にする［保つ］」，「〈O＝C〉だと思う［見なす］」といった意味になりやすいことも覚えておきましょう。

ちなみにmakeは第1～5文型すべての文型で使うことができます。make O$_1$O$_2$であれば「O$_1$にO$_2$を作ってあげる」という意味になり，SVO$_1$O$_2$の動詞の「与える」という根底の意味ともつながりますね。

ただmakeの文の頻度としてはmake OCを見抜かなければならない場合が多いため，**まずmake OCを想定する**ようにしましょう。

まとめ

1. 〈SVO＋名詞〉の場合，〈O＝名詞〉が成り立つかを考える。
2. 〈O＝名詞〉の場合SVOCだと判断する。
3. 〈O≠名詞〉の場合SVO$_1$O$_2$だと判断する。
4. 動詞がとりやすい文型から文構造を想定できるとよい。

例文訳 14 私たちは世界をよりよい場所にできる。

次の英文が（A）SV，（B）SVC，（C）SVO，（D）SVO$_1$O$_2$，（E）SVOC
のどれになるかを選びましょう。

解答・解説

❶ We'll stay close friends. ▶

❷ The bell rings at noon. ▶

❸ They ring the bell at noon. ▶

❹ People call the girl Emma. ▶

❺ The man called her a taxi. ▶

>解答◀

❶ (B) ❷ (A) ❸ (C) ❹ (E) ❺ (D)

>解説◀

❶ Vである 'll ［will］ stay の後ろに名詞の close friends が続いています。「We ＝ close friends（私たち＝親しい友だち）」の関係が成り立つため，SVCと判断します。**(B) が正解**です。　　　　　▶ **Lesson1**

〉英文訳〉 私たちは親しい友だちのままでいるだろう。

❷ 前に前置詞のつかない The bell が S，rings が V，at noon は〈前置詞＋名詞〉で rings を修飾する副詞句。つまり SV と判断します。**(A) が正解**です。
▶ **Lesson2**

〉英文訳〉 ベルは正午に鳴る。

❸ Vである ring の後ろに名詞の the bell が続いています。「They ≠ the bell（彼ら≠ベル）」のため，SVOと判断します。**(C) が正解**です。　▶ **Lesson1**

〉英文訳〉 彼らはベルを正午に鳴らす。

❹ Vである call の後ろに名詞の the girl，さらに名詞の Emma が続いています。「the girl ＝ Emma（その女の子＝エマ）」の関係が成り立つため，SVOCと判断します。**(E) が正解**です。　　　　　　　　　　　▶ **Lesson3**

〉英文訳〉 人々はその女の子をエマと呼ぶ。

❺ Vである called の後ろに名詞の her と，さらに名詞の a taxi が続いています。「her ≠ a taxi（彼女≠タクシー）」であるため，SVO_1O_2 と判断します。**(D) が正解**です。第4文型の動詞は「与える」の意味が根底にあるため called は「呼んであげた」と訳します。　　　　　　　　　　　▶ **Lesson3**

〉英文訳〉 男性は彼女にタクシーを呼んであげた。

次の英文の構造を把握して，意味を考えましょう。

❶ For a large proportion of the planet's population, noodles are an economic necessity. 〔専修大〕

economic necessity **名** 経済的必需品

❷ She said in an e-mail that she was always fascinated by space. 〔立教大・改〕

❸ I'll make you some sandwiches.　〔日本獣医生命科学大〕

❹ The milk will go bad if you leave it in the kitchen on such a warm day.　〔獨協医科大〕

❺ Coffee doesn't just keep you awake — it may actually make you smarter as well.　〔東京都市大・改〕

▼ 動画でわかる!

解答・解説

❶

(For a large proportion [of the planet's population]),
副

noodles are an economic necessity.
S　　V　　　　C

　For a large proportion が〈前置詞＋名詞〉となっています。さらにその後ろの of the planet's population も〈前置詞＋名詞〉です。**文頭の〈前置詞＋名詞〉は副詞句となり文全体を修飾**するのでしたね。

　of the planet's population は**名詞の直後の〈前置詞＋名詞〉のため a large proportion を修飾する形容詞句**になっています。意味的にも自然になるので For a large 〜 population のカタマリが大きな副詞句となります。

　残りの部分でSVを考えます。前に前置詞のつかない最初の名詞である noodles がS，are がVです。続く an economic necessity は「noodles ＝ an economic necessity（麺類＝経済的必需品）」の関係が成り立つため，Cとなります。

> 英文訳〉地球上の人口の大部分にとって，麺類は経済的必需品だ。

❷

> She said (in an e-mail)
> S   V   副
>
> 〈that she was (always) fascinated (by space)〉.
>   O

She が S，said が V です。in an e-mail が〈**前置詞＋名詞**〉になっており，**直前に名詞はなく動詞の said があるため，said を修飾する副詞句**と判断しましょう。

said は〈say that ＋ sv〉が定番の形で，in an e-mail の後ろに that she was ～の名詞節があります。つまり，**この文は〈say that ＋ sv〉という定番の形の said と that の間に副詞句の in an e-mail が挿入された形**になっています。

> 英文訳 〉彼女はメールで，常に宇宙に魅了されていると言っていた。

❸

> I'll make you some sandwiches.
> S   V   O₁   O₂

I が S，'ll [will] make が V です。you は S と〈S ≠ 名詞〉の関係のため，make の O ですね。さらにその後ろに名詞の some sandwiches がきて，〈SVO ＋名詞〉の形になっています。SVO₁O₂ か SVOC かを判別しましょう。

ここでは「you ≠ some sandwiches（あなた ≠ サンドイッチ）」，つまり〈O ≠ 名詞〉の関係なので SVO₁O₂ です。この文型の動詞は「**与える**」の意味が根底にありましたね。「**作ってあげる**」と訳しましょう。

> 英文訳 〉私があなたにサンドイッチを作ってあげよう。

❹

> The milk will go bad
>   S   V   C
>
> (if you leave it (in the kitchen) (on such a warm day)).
> 副 s   v   o

　主節はThe milkが前に前置詞のつかない最初の名詞なのでS，will goが〈助動詞＋*do*〉でVです。

　goを見たらまず「行く」の意味を考えると思いますが，今回は形容詞のbadを後ろにとっています。形容詞はCになりますが，Oにはなりません。「The milk＝bad（牛乳＝腐っている）」の関係が成り立ち，SVCとなります。go badは「悪くなる」→「腐る」と考えましょう。

　if節内はyouがs，leaveがvです。leaveの後ろには代名詞のitがきており，主節のThe milkを指しています。「you≠it [the milk]（あなた≠牛乳）」なのでSVOとなります。つまりこのleaveは他動詞です。他動詞のleaveはここでは「～を置いておく」といった意味になります。

　in the kitchenとon such a warm dayはそれぞれ〈前置詞＋名詞〉で副詞句になっています。

> 英文訳 もしそんなに暖かい日にキッチンに牛乳を置きっぱなしにしたら，腐ってしまう。

❺

> Coffee doesn't (just) keep you awake —
> S   V   O   C
>
> it may (actually) make you smarter (as well).
> S V   O   C

　前半は，前に前置詞のつかないCoffeeがS，doesn't（just）keepがVです。**keepを見たらまずはkeep OCを想定**しましょう。

　名詞youの後ろに形容詞awakeが続き，「you＝awake（あなた＝起きている）」も成り立つため(S)VOCで「あなたを起きている状態に保つ」になります。

　このダッシュ〈—〉は前半部分の補足説明の意味を表します。andやbutに近い意味でとりましょう。

　前半にdoesn't justがありますが，このnot justはnot onlyと同じ意味になります。**not onlyかnot justを見たら，not only A but also B「AだけではなくBも」を想定**しましょう。この文ではbutの代わりにダッシュ〈—〉が使われ，alsoの代わりにas wellが使われています。

　後半はitがS，may（actually）makeが〈助動詞＋*do*〉でVです。**make OCを想定して読む**と，「you＝smarter（あなた＝より賢い）」の関係が成り立っています。つまり(S)VOCで「あなたをより賢くする」になります。今回，youは「一般的な人」と考えましょう。

> 英文訳 〉コーヒーは眠気を覚ますだけではない。実は人をより賢くもするかもしれない。

映画の中の "lie in"

Part 1 Chapter 1 Lesson 3の例文 (The key to success lies in continuity.) で使われていた "lie in" という表現ですが，この表現は映画などのリアルな会話の中でもよく使われています。

ネタバレになるので詳しい状況には触れませんが，ここぞという場面でよく使われています。

３つだけ例を挙げておくので，映画などを見るときはぜひ自分でも探してみてください。

> What you seek lies in front of you.　　　君が求めるものは君の目の前にある。
> 『アベンジャーズ／エンドゲーム』

> Just remember, the true spirit of Christmas lies in your heart.
> これだけは覚えておいて。クリスマスの本当の精神は，君の心の中にあるんだ。
> 『ポーラー・エクスプレス』

> Real power lies in understanding who it is you're truly fighting, and how they can be defeated.
> 本当の力は，自分がだれと戦っているか，そして敵をどうすれば倒せるかを理解することにある。
> 『キングスマン：ファースト・エージェント』

映画の英語を聞き取るのは難しいですが，知っている表現が増えると，「あっ」と気がつくことも増えていきます。こうして出会った表現は，「あの映画のあの場面で使われていた」という感じで記憶に深く残ります。

Part
2
品　詞

不定詞の名詞的用法・形容詞的用法・副詞的用法…。

動名詞に分詞，分詞構文…。

　多くの受験生がこの判別を苦手としていますが，それは「意味」から品詞を考えてしまっているからです。まずは「形」から考えることが重要なので，その手順をここでしっかりマスターしていきましょう！

〈一般動詞＋to *do*〉を見抜く

動画でわかる！

to *do*（不定詞＝to＋動詞の原形）は名詞句・形容詞句・副詞句のいずれにもなりますが，〈一般動詞＋to *do*〉の場合は**名詞句**（名詞的用法）か**副詞句**（副詞的用法）のどちらかになります。

> **例文 15**　次の英文の to *do* の品詞を把握して，意味を考えましょう。

If you want to succeed, you must learn to take risks.

If節はyouがsです。続くwantがvですが，want to succeedで〈一般動詞＋to *do*〉の形になっています。このto *do* が名詞句と副詞句のどちらかを判別しましょう。

wantは他動詞なので後ろにOが必要です。Oになれるのは名詞だけなので，**to succeedは名詞句**です。「成功すること」という意味になります。このように**他動詞の後ろのto *do* は名詞句**になります。

主節はyou must learnがSVです。**learnは「〜を学ぶ」の意味の他動詞で，続くto take risksは名詞句**です。

> **図解 15**
>
> (If you want to succeed), you must learn to take risks.
> 接　s　　　v　　　　　　　　S　　　V　　　　　O

厳密にはwantがv，to *do* がoなのですが，この場合はwant to *do* を1つのvとして考えたほうが全体の構造がつかみやすくなります。learn to take risks もlearnがV，to take risksがOなのですが，learn to take までをワンセットのVとして考えましょう。

learn to *do* 「…できるようになる」は**want to *do* 「…したい」**と同様，覚えておきたい定番の表現です。

> **例文訳 15**　成功したいのなら，リスクを取れるようにならなくてはならない。

例文 **16** 次の英文の to do の品詞を把握して，意味を考えましょう。

New occupations will emerge to meet new needs.

New occupations が S，will emerge が V です。emerge の後ろには to do が続いていますが，**emerge は自動詞なので O はとりません。自動詞の後ろの to do は副詞句だとすぐに判断して OK** です。

副詞句になる to do （副詞的用法）はさまざまな意味になりますが，**まずは【目的】「…するために」を考えましょう。**ここは「新たなニーズを満たすために」という意味です。

図解 **16**

New occupations will emerge (to meet new needs).
　　　　S　　　　　　V　　　　　　副

emerge は「現れる」ですが，occupations「職業」が S なので「生まれる」と訳しましょう。meet は needs を目的語にとっているため「（人）に会う」ではなく「（要求など）を満たす」の意味です。

まとめ

1. 〈一般動詞 + to do〉の to do は名詞句か副詞句のどちらかになる。
2. 〈他動詞 + to do〉の場合は名詞句。定番の表現も覚えるとよい。
3. 〈自動詞 + to do〉の場合は副詞句。【目的】の意味をまず考える。

> 例文訳 **16** 新たなニーズを満たすため，新たな職業が生まれるだろう。

〈be動詞+to *do*〉を見抜く

Lesson 2

動画でわかる！

〈be動詞＋to *do*〉の場合，to *do* が**名詞句**（名詞的用法）としてSVC
のCになるか，***be* to構文**になることが多いです。

▶ ***be* to構文（*be* to *do*）**

be to構文（＝be動詞＋不定詞）は「これから…する状態にある」とい
う意味をベースに，**【予定】**「…することになっている」，**【義務】**「…しなく
てはならない」，**【意志】**「…したい」，**【運命】**（主に過去形で）「…すること
になっていた」，**【可能】**（主に否定文で）「…できない」の意味になる。*be*
toを助動詞としてとらえると考えやすい。

例文 **17** 　次の英文の to *do* の品詞を把握して，意味を考えましょう。

If you are to succeed, you must believe in yourself.

believe in ～ 熟 ～（の人柄や能力）を信じる

If節は you が s です。are の後ろに to *do* が続いているので，この to *do*
を判別しましょう。

to *do* が名詞句であればSVCの〈S＝名詞〉の関係が成り立ちますが，
その場合は「あなたは成功することである」という不自然な意味になって
しまいますね。**つまりこれは *be* to構文です。**

図解 **17**

(If you are to succeed), you must believe in yourself.
接　s　v（***be* to構文**）　　　S　　　V　　　O

be to構文の意味は文脈から判断しなければいけませんが，このように
if節の中に *be* to *do* がある場合は【意志】「…したい」の意味になりま
す。

例文訳 **17** 　成功したいのなら，自分を信じなくてはならない。

例文 18 次の英文の to *do* の品詞を把握して，意味を考えましょう。

The secret to success is to act immediately. secret 名 秘訣，こつ

secretの後ろにtoがありますが，名詞のsuccessが続いているため最初のtoは前置詞です。名詞の後ろにある〈前置詞＋名詞〉は名詞を修飾する形容詞句になることが多いのでしたね ▶P.28 。

successの後ろにはVとなるisがあるためto successはThe secretを修飾する形容詞句です。ここまでがSになっています。

さて，isの後ろにto *do* が続いています。このto *do* を名詞句と考えると〈S＝名詞〉，つまり「The secret to success ＝ to act immediately（成功の秘訣＝すぐに行動すること）」の関係が成り立つため，SVCです。

図解 18

The secret [to success] is 〈to act immediately〉.
　　S　　　　　　　　　　V　　　　C

名詞のsecret「秘訣」は前置詞toをとり，「〜の秘訣」という意味を作ります。Part 1 Chapter 1のLesson 3でもThe key to successの表現が出てきましたね。定番の形なので覚えておきましょう。

まとめ

1. 〈be動詞＋to *do*〉はto *do* が名詞句か be to構文を想定する。
2. まずはto *do* を名詞句「…すること」だと考える。〈S＝名詞〉が成り立てばSVC。
3. 〈S≠名詞〉であればbe to構文。意味は文脈から判断するが，if節中では【意志】「…したい」になる。

〉 **例文訳 18** 〉 成功の秘訣は，すぐに行動することだ。

文頭の to *do* 〜を見抜く

動画でわかる！

　to *do* から始まる文は，そのカタマリが**名詞句**（名詞的用法）か**副詞句**（副詞的用法）かのどちらかになります。

例文 19　次の英文の to *do* の品詞を把握して，意味を考えましょう。

To be an interesting person, you must be interested in something.

　文が To be 〜 から始まっていますね。to *do* のカタマリがどこまで続くか，そして名詞句か副詞句かを判別しましょう。

　be の後ろには名詞（an interesting person）が続き，コンマもあるため，to *do* のカタマリは person までだと考えられます。
　to *do* のカタマリの後ろには you must be という SV が続いています。基本的に SV より前にある要素は M になるため，このカタマリは副詞句だと判断できます。

　to *do* が文頭で副詞句として使われている場合，副詞的用法の【目的】「…するために」の意味で訳すのが基本です。

図解 19

(To be an interesting person),
副

you must be interested in something.
　S　　　　　V　　　　　　　O

　must be interested in はセットで V と考えましょう。

例文 20 次の英文の to *do* の品詞を把握して，意味を考えましょう。

To save time is to save money.

文が To save ～から始まっています。ここでもまた to *do* のカタマリがどこまで続くか，そして名詞句か副詞句かを判別します。

1つめの save の後ろには save の目的語になる time が続いています。さらにその後ろには文のVになる is が続いているため，to *do* のカタマリは time までと考えられます。

to *do* のカタマリの直後にVが続いている場合，to *do* は名詞句だと判断できます。つまり To save time は名詞句で，文のSになります。

なお，is の後ろにも to *do* が続いていますが，「To save time = to save money（時間を節約すること＝お金を節約すること）」の関係が成り立つため，SVCの文です。つまりこの to *do* も名詞句です。

図解 20

〈To save time〉 is 〈to save money〉.
　　　S　　　　　V　　　　　C

この例文は名古屋市立大で出題された英文の一部です。to *do* がSになる場合は，この例文のように **To *do* ～ is to *do* ....「～することは…することだ」** の形で使われることが多いことを覚えておきましょう。

> **まとめ**

> **1.** 文頭の to *do* は名詞句か副詞句になる。
> **2.** 後ろにSVが続いていれば副詞句。「…するために」と【目的】の意味で訳す。SVの前の要素はMになる。
> **3.** 後ろにVが続いていれば名詞句。「…すること」と訳す。

> 例文訳 **20** 時間を節約することは，お金を節約することだ。

動画でわかる！
▼

Lesson 4 〈名詞＋to *do*〉を見抜く

〈名詞＋to *do*〉のto *do*にはさまざまなパターンがありますが，今回は**形容詞句**（形容詞的用法）と**副詞句**（副詞的用法）の判別を練習します。**名詞と名詞以外のどちらに説明が必要か**を考え，**意味から判断**します。

> **例文 21** 次の英文のto *do* の品詞を把握して，意味を考えましょう。

Teamwork is the ability to work together toward a common vision.

Teamwork is the ability は「Teamwork ＝ the ability（チームワーク＝能力)」なのでSVCです。

それでは，続くto work 〜が形容詞句でthe abilityの説明になっているのか，副詞句でVや文全体の説明になっているのかを考えましょう。ここでは**the ability がどういった能力なのかについて説明が必要なため**，to *do* は形容詞句「…するための」だと考えると自然です。

図解 21

Teamwork is the ability
　 S 　 V 　　C

　　　　　　[to work together toward a common vision].

形容詞句か副詞句かの判断は最終的に訳してみなければわからないことが多いため難しいのですが，**ability は不定詞の形容詞的用法と相性がよい名詞**です。able to *do* を名詞にしたものと考えましょう（abilityはableの名詞形）。こういった名詞をある程度覚えておけば，形容詞句だとすばやく判断することができます ▶**P.160** 。

> 例文訳 21 チームワークとは共通のビジョンに向かって共に働く能力だ。

> **例文 22** 次の英文の to *do* の品詞を把握して，意味を考えましょう。

The detective visited the house to see the scene of the accident.

detective **名** 探偵，刑事

The detective visited the house は「The detective ≠ the house（探偵 ≠ その家）」なので SVO です。

続く to see 〜 が形容詞句で the house を説明しているのか，副詞句で V や文全体の説明になっているのかを考えます。この例文では **「探偵がその家を訪れた【目的】」** を説明するものとして to *do* は副詞句 **「…するために」** だと考え，**「事故現場を見るために」** と訳すと自然な意味になります。

図解 22

The detective visited the house (to see the scene of the accident).
　　S　　　　V　　　O　　　　　　　副

〈名詞＋ to *do*〉の to *do* が形容詞句になるには，次の関係のいずれかであることが必要です。ある程度頭に入れて判別のヒントにしましょう。

▶ 〈名詞＋ to *do*〉の名詞と *do* の関係

① 名詞が意味上の S → friends to help me 「私を助けてくれる友だち」
　（SV の関係）

② 名詞が意味上の O → homework to do 「するべき宿題」
　（VO の関係）　　　 a house to live in 「住むための家」

③ to *do* が名詞の → ability to *do* など to *do* が名詞を補足するもの
　内容を説明　　　　 time to *do* など to *do* が関係副詞相当のもの　　など
　（同格の関係）

> **まとめ**
>
> **1.** 〈名詞＋ to *do*〉の to *do* は形容詞句か副詞句かを考える。to *do* が何を説明しているかと，意味から判断する。
> **2.** 名詞を説明している場合は形容詞句になる。
> **3.** 名詞以外を説明している場合は副詞句になる。

> **例文訳 22** 探偵［刑事］は事故現場を見るために，その家を訪れた。

5 〈動詞＋名詞＋to do〉を見抜く

動画でわかる！
▼

　今回はLesson 4の〈名詞＋to do〉のような形容詞句か副詞句になるパターン以外の，want ○ to do「○に…してほしい」などの定番の形（語法）が重要なものを取り上げます。

例文 23 次の英文のto doの役割を把握して，意味を考えましょう。

The system allows people to live meaningful lives.

meaningful 形 有意義な

　ここではまずVのallowsに反応できるようになりましょう。allowはallow ○ to doという定番の形をとるため，この文もその形に当てはまる可能性が高いと考えましょう。

　〈名詞＋to do〉ではありますが，to doを形容詞句や副詞句で訳すと不自然な意味になります。allow ○ to doの語法と判断しましょう。

図解 23

The system <u>allows</u> <u>people</u> to live meaningful lives.
　　S　　　　V(allow)　 O　　 to do

　文構造を考えるとallow ○ to doのto doはCになりますが，そこまで理解せずとも定番の形として文がとらえられていれば十分です。

　S allow ○ to doは「Sは○が…するのを許可する」の意味もありますが，「Sのおかげで○は…できる」と訳すと自然な意味になることが多いです。

　Sに【人】以外の【モノ】がくる文（無生物主語構文）では，Sを「〜によって，〜のおかげで」のように副詞っぽく変換して訳す習慣をつけておきましょう。

例文訳 23 そのシステムのおかげで，人々は有意義な人生を送ることができる。

次の英文の to *do* の役割を把握して，意味を考えましょう。

I just want a chance to start over.　　　start over **熟** やり直す

　V の want は want O to *do* という定番の形をとっているように見えますが，ここを want O to *do* でとらえると「機会にやり直してほしい」という不自然な意味になってしまいますね。

　定番の形で意味が通じない場合は to *do* が形容詞句や副詞句の可能性を考えましょう。

　【目的】を説明する副詞句として「やり直すために機会が欲しい」としてもよさそうですが，a chance と形容詞的用法の to *do* との相性から，「…するための」と訳す形容詞句と判断します。

　そうすると，to start over が a chance を説明する「やり直すための機会」という自然な意味になります。**a chance to *do*「…する機会」は〈名詞＋ to *do*〉の形容詞句の定番の形**としてよく使われます。

図解 **24**

I just want a chance [to start over].
　S　　　V　　　O └─┘

　定番の形・形容詞句・副詞句の判断はしにくいことがありますが，まずは allow O to *do* のような**定番の形を想定して読む**ようにしましょう。巻末に覚えるべき定番の形をまとめているので，インプットしておきましょう ▶P.161 。

まとめ

1. allow などの定番の形が重要な動詞を見つけたら，まずはその形（allow O to *do* など）を想定する。

2. 定番の形で意味が不自然になる場合は，to *do* が形容詞句や副詞句になる可能性を考える。

> 例文訳 **24** ▷ 私はやり直す機会が欲しいだけだ。

Lesson 6

〈for＋名詞＋to *do*〉を見抜く

動画でわかる！

　to *do* の前に〈for＋名詞〉がある場合，名詞と *do* の間にSVの関係が成り立つように訳します。このときの名詞を〈**不定詞の意味上の主語**〉と呼びます。今回はこの〈不定詞の意味上のS〉があるパターンを練習します。

例文 25 ▶ 次の英文の to *do* の役割を把握して，意味を考えましょう。

Problems provide chances for you to do your best.

　Problems provide chances は「Problems ≠ chances（問題 ≠ 機会）」なのでSVOです。

　chances の後ろには for you to do 〜が続いています。この〈for＋名詞＋to *do*〉を見た時点で〈for＋名詞〉を〈**不定詞の意味上のS**〉だと想定するようにしてください。

　次に to *do* の用法を判別します。そのためには〈for＋名詞〉を除いた形で考えましょう。

　この例文の場合は chances to do your best で考えます。**chances と to *do* の相性から形容詞句（形容詞的用法）**と考えてOKです ▶P.59。文構造を考えるときは for you to do your best をワンセットでとらえます。

図解 25

Problems provide chances [for you to do your best].
　　S　　　　V　　　　O └───┘意味上のS

　for を「〜にとって」や「〜のため」と訳して意味が通ることもありますが，和訳問題では減点されてしまう可能性があるため，意味上のSと to *do* はSVの関係でとらえる習慣をつけておきましょう。

例文訳 25 ▶ 問題は，あなたがベストを尽くすための機会を与えてくれる。

例文 26 次の英文の to do の役割を把握して，意味を考えましょう。

Our goal is for students to develop their potential.

potential 名 可能性，潜在能力

Our goal is が SV です。goal は「ゴール」ではなく「目標，目的」と訳しましょう。

続く for students to develop を見た時点で〈for ＋名詞〉を〈不定詞の意味上の S〉だと判断できるようにしましょう。

そして，〈for ＋名詞〉を除いて考えて to do の用法を判別します。

〈be 動詞＋ to do〉の場合は to do が名詞句になる，もしくは be to 構文が考えられますね ▶P.52 。ここでは to do を名詞句（名詞的用法）と考えると「Our goal ＝ to develop their potential（私たちの目標＝可能性を広げること）」という関係が成り立ち，SVC になります。

図解 26

Our goal is 〈for students to develop their potential〉.
   S   V   意味上の S   C

for を「～のため」と訳したり，to develop their potential を students を修飾する形容詞として「可能性を広げるための生徒」のように訳したりすると，不自然な意味になってしまいますね。

まとめ

1. 〈for ＋名詞＋ to do〉を見たら，〈for ＋名詞〉を to do の〈意味上の S〉だと想定する。

2. to do の用法は〈for ＋名詞〉を除いた形からパターンを考えて，判別する。

例文訳 26 私たちの目標は，生徒が可能性を広げることだ。

Part2 Chapter1　**Exercise Ⓐ**

次の英文の to do をふくむカタマリが（A）名詞句，（B）形容詞句，（C）副詞句，（D）その他のどれかを判断し，文の意味を考えましょう。❸は下線部の to do について考えましょう。

（解答・解説）

❶ To master English, you must read it aloud.　▶

read 〜 aloud 熟 〜を音読する

❷ To master English requires effort.　▶

❸ If you are to master English, you need to use it.　▶

❹ She took a bus to get there.　▶

❺ It is time for children to go to bed.　▶

解答

❶（C）　❷（A）　❸（D）　❹（C）　❺（B）

解説

❶　文頭の to do は名詞句か副詞句でしたね。他動詞 master の目的語として English が続き，次にコンマがあります。コンマの後ろには you must read と SV が続いています。SV より前の要素は M であるため，**（C）が正解**です。

▶ **Lesson3**

〉英文訳〉英語を習得するためには，音読しなくてはならない。

❷　文頭の to do は名詞句か副詞句です。master の目的語として English があり，その後ろには requires がきています。requires を V と考えれば To master English が名詞句で S となり，意味が成り立ちます。よって**（A）が正解**です。effort は requires の O です。

▶ **Lesson3**

〉英文訳〉英語を習得することは努力を必要とする。

❸　〈be 動詞＋ to do〉は to do が名詞句か，be to 構文です。「you ≠ to master English（あなた≠英語を習得すること）」のため，to do は名詞句ではありません。つまり be to 構文であるため**（D）が正解**です。

▶ **Lesson2**

〉英文訳〉英語を習得したいのなら，それを使う必要がある。

❹　〈名詞＋ to do〉の to do は形容詞句か副詞句です。意味的にはどちらでもよさそうですが，a bus と get の間に SV や VO，同格の関係は成り立たないので形容詞句ではありません。つまり**（C）が正解**です。

▶ **Lesson4**

〉英文訳〉彼女はそこに行くためにバスに乗った。

❺　for children to go ～が〈for ＋名詞＋ to do〉の形になっています。to do の用法を判断するために意味上の S である〈for ＋名詞〉を除くと，time to go ～となります。to go ～は time の内容を説明しているため，**（B）が正解**です。

▶ **Lesson4・6**

〉英文訳〉子どもは寝る時間だ。

動画でわかる！
▼

文頭の *doing* ～を見抜く

doing のカタマリは名詞句・形容詞句・副詞句のいずれにもなり得ますが，文頭の *doing* ～の場合，まずは**名詞句**（動名詞）か**副詞句**（分詞構文）であると想定しましょう。

例文 27　次の英文の *doing* の品詞を把握して，意味を考えましょう。

Laughing at our mistakes can lengthen our lives.

lengthen **動** ～を長くする

---

to *do* から始まる文 ▶P.54 と考え方は同じです。**後ろにSVが続いていれば副詞句，Vが続いていれば名詞句**と判断します。**名詞句であることのほうが多いため，まずは名詞句の可能性**を考えましょう。

laugh at ～「～を笑う」という熟語表現から，Laughing at our mistakes を *doing* のカタマリと考えます。その後ろには**V（can lengthen）が続いている**ので，**Laughing at our mistakes が名詞句（動名詞）でS**になりますね。

図解 27

〈Laughing at our mistakes〉 can lengthen our lives.
　　　　　　　S　　　　　　　　　V　　　　　O

　直訳は「失敗を笑うことは自分の命を長くすることができる」ですが，無生物主語構文 ▶P.58 として訳すと「失敗を笑うことにより，自分の寿命を伸ばすことができる」とより自然な訳になります。
　動名詞がSの場合，無生物主語構文なのでSを副詞っぽく変換して訳すと自然な意味になります。

例文訳 27　失敗を笑うことにより，自分の寿命を伸ばすことができる。

> 例文 28 次の英文の文頭の*doing*の品詞を把握して，意味を考えましょう。

Recognizing the importance of health, he started exercising every day.

start *doing* 熟 …し始める

Recognizing は他動詞 recognize の ing 形です。後ろには目的語になる名詞（the importance of health）が続き，コンマもあるため，Recognizing 〜 health が *doing* のカタマリだと考えましょう。

その**後ろには he started という SV が続いています。基本的に SV より前にある要素は M になるため，Recognizing 〜 health は副詞句（分詞構文）だと判断できます。**

started の後ろの exercising every day は「毎日運動すること」という意味の動名詞句です。

> 図解 28

(Recognizing the importance of health),
副　　　　　　　　　　分詞構文

he started ⟨exercising every day⟩.
S　　V　　　　　　O

分詞構文は【理由】「〜ので」や，【条件】「〜すると」などで訳すこともできますが，「〜して，…」などとゆるく文をつなぐ意味になるのが基本です。

まとめ

1. 文頭の *doing* は名詞句（動名詞）か副詞句（分詞構文）の頻度が高いが，まずは名詞句になる可能性を考える。
2. 後ろに V が続いていれば名詞句。「…すること」と訳す。
3. 後ろに SV が続いていれば副詞句。「〜して，…」などとゆるく文をつなぐ意味で訳す。

> 例文訳 28 健康の重要さを認識して，彼は毎日運動し始めた。

Lesson 2 〈動詞＋*doing*〉を見抜く

doing 〜がⅤの後ろにある場合も，名詞句・形容詞句・副詞句のいずれにもなり得ます。〈be動詞＋*doing*〉の場合はさらに進行形になる可能性も頭に入れる必要があります。**Ⅴがbe動詞・一般動詞のそれぞれの場合について頻度が高いパターンをここで練習しましょう。**

例文 29　次の英文の*doing*の品詞を把握して，意味を考えましょう。

The only real failure is giving up.

failure 名 失敗

The only real failureがSです。isの後ろに*doing*がありますが，〈be動詞＋*doing*〉の場合は*doing*が名詞句（動名詞）でCになるか，もしくは〈be動詞＋動詞のing形〉（進行形）が考えられます。

この例文では*doing*を名詞句と考えると「The only real failure＝giving up（唯一の本当の失敗＝諦めること）」の関係が成り立って自然な意味になり，SVCだと判断できます。

進行形で考えると「唯一の本当の失敗は諦めている」となり，不自然な意味になりますね。

図解 29

The only real failure is 〈giving up〉.
　　S　　　　　　　　V　　　C

これらの形は最終的には訳してみないと判別しにくいのですが，「Sは…することである」と訳すことができれば名詞句でSVC，「Sは…している」と訳すことができれば進行形だと考えましょう。

例文訳 29　唯一の本当の失敗は，諦めることだ。

例文 30 次の英文の*doing*の品詞を把握して，意味を考えましょう。

He is considering owning a cat.

own **動** ～を所有している

isの後ろに*doing*（considering）が続いています。**is considering ～** は「（彼は）～を考えている」と訳すと自然なので現在進行形だと判断しましょう。進行形なので is considering をワンセットでVと考えます。

さて，consideringの後ろにも*doing* ～（owning a cat）が続いています。〈一般動詞＋*doing*〉の場合は*doing*が名詞句（動名詞）で〇になるか，副詞句（分詞構文）でMになる可能性が高いです。

ここでは consider は他動詞のため〇が必要で，〇になれるのは名詞です。つまり，この owning a cat は名詞句だと判断します。

図解 30

He is considering 〈owning a cat〉.
S   V   O

仮に owning a cat が副詞句の場合，文末に分詞構文が置かれる形〈SV ～ (,) *doing* ...〉は「～，そして…する」「…しながら，～する」という訳になるのが基本です。「彼は考えている，そして猫を飼う」「彼は猫を飼いながら，考えている」という訳では不自然ですね。

ちなみに consider は **consider** *doing*「…しようかと考える」という定番の形でよく使われるため，覚えておきましょう ▶P.162。

まとめ

1. 〈be動詞＋*doing*〉の*doing*は名詞句（動名詞）か進行形かを想定。最終的には訳してみて判別する。

2. 〈一般動詞＋*doing*〉の*doing*は名詞句（動名詞）か副詞句（分詞構文）かの可能性をまず考える。動名詞を〇にとる他動詞を覚えると，名詞句の判断がしやすくなる。

例文訳 30 彼は猫を飼おうかと考えている。

〈, *doing*〉を見抜く

動画でわかる！
▼

　文中でコンマ〈,〉の後ろに *doing* がある〈, *doing*〉の形になっている場合も，名詞句・形容詞句・副詞句のいずれにもなり得ます。今回は**使われる頻度の高い副詞句（分詞構文）のパターン**を2つ練習しましょう。

例文 31 　次の英文の *doing* の品詞を把握して，意味を考えましょう。

Walking stimulates the brain, leading to better health.

Walking が S，stimulates が V，the brain が O になります。

　文の後半のコンマの後ろに leading ～ が続いています。**前半に〈SV ～〉，後半に〈, *doing*〉があればまずは副詞句（分詞構文）**を考えます。
　leading ～ health は lead to ～「～につながる」という熟語表現に名詞（better health）が続く1つのカタマリです。ここまでで ***doing* のカタマリが文末まで続いている**と確認できれば，分詞構文の〈SV ～(,) *doing* ...〉の形だと判断できます。

図解 31
Walking stimulates the brain, (leading to better health).
　　　S　　　　V　　　　O　　　　　副　　　　　分詞構文

　〈SV ～(,) *doing* ...〉は resulting in ～, leading to ～, contributing to ～など「～につながる」という意味を持つ因果の関係を示す表現と相性がよいです。この**〈SV ～, 因果表現の *doing*〉は主節の文全体が分詞構文の意味上の S となる特殊な形**ですが，**定番の形**として覚えておきましょう。訳は「～，そして…する」が基本ですが ▶P.67，因果表現なので，「**その結果**」や「**結果として**」などと訳します。

例文訳 31 　散歩は脳を刺激し，その結果よりよい健康につながる。

例文 **32** 次の英文の *doing* の品詞を把握して，意味を考えましょう。

The dog, barking in surprise and fear, tried to run away.

in surprise and fear **熟** 驚きと恐怖で

The dogがSで，その後ろに１つめのコンマと *doing* が続いています。Sの直後に〈, *doing*〉があると気づいた段階で副詞句（分詞構文）の〈S, *doing* 〜, V ...〉の形を想定しましょう。

barking 〜のカタマリは２つめのコンマまでで，in surprise and fear は「驚きと恐怖で」という意味の副詞句です。tried to run awayがワンセットで文のV ▶P.50 だと考えられます。Vが見つかれば *doing* は分詞構文だと確定できます。

〈S, *doing* 〜, V ...〉の形の分詞構文も，「Sは，〜して…」のようにゆるく意味をつなぐように訳すのが基本です。「その犬は，驚きと恐怖でほえて，逃げようとした」という訳になります。

図解 **32**

The dog, **(**barking **(**in surprise and fear**))**, tried to run away.
　　S　　　 **副**　　　　　分詞構文　　　　　　　 V

まとめ

1.〈, *doing*〉は副詞句（分詞構文）の可能性が最も高い。

2. *doing* のカタマリが文末にある〈SV 〜(,) *doing* ...〉は「〜，そして…する」や「…しながら〜する」だが，*doing* が因果表現の場合は「その結果」や「結果として」と訳す。

3. *doing* のカタマリが文中にある〈S, *doing* 〜, V ...〉は「Sは，〜して…」と訳す。

> 例文訳 **32** その犬は，驚きと恐怖でほえて，逃げようとした。

Lesson 4 〈名詞＋*doing*〉を見抜く①

動画でわかる！
▼

　〈名詞＋*doing*〉の場合，名詞が〈動名詞の意味上の主語〉になる可能性があるため，やや複雑です。〈名詞＋形容詞句（現在分詞の形容詞的用法）〉と〈意味上のS＋名詞句（動名詞)〉のパターンを練習しましょう。

▶動名詞の意味上の主語

　「文のS」と「動名詞の意味上のS」が異なる場合，動名詞の前に〈意味上のS〉を置く。〈意味上のS〉を代名詞で表す場合，所有格または目的格を用いる。

　I insist on his [him] going there. 「私は<u>彼が</u>そこに行くべきだと主張する」

> **例文 33** 次の英文の *doing* の品詞を把握して，意味を考えましょう。

> **The government is trying to reduce the number of people living alone.**

　The governmentがS，is trying to reduceをVと考えましょう。the number of ～は「～の数」という意味の熟語表現のため，reduce the number of ～「～の数を減らす」と考えればthe number of peopleのカタマリは○だと判断できます。

　このpeopleの後ろにliving aloneが続いていて，〈名詞＋*doing*〉になっています。〈名詞＋*doing*〉の*doing*はまずは名詞を修飾する形容詞句と考えます。「ひとりで暮らしている人々」という自然な意味になります。

図解 33

The government is trying to reduce
　　　　S　　　　　　　　　　V

the number of people [living alone].
　　　　　O

> **例文訳 33** 政府はひとり暮らしの人の数を減らそうとしている。

例文 34 次の英文の*doing*の品詞を把握して，意味を考えましょう。

Dietary education may result in children making more healthful food choices.　dietary education 名 食育　healthful 形 健康的な

Dietary educationがS，may result inがVです。

children makingが〈名詞＋*doing*〉になっています。続くmore healthful food choicesがmakingの目的語になり，making 〜 choicesで１つのカタマリです。それではこのカタマリが何になるのか判別しましょう。

まず形容詞句だと考えると「より健康的な食品を選択している子ども」となりますが，result in 〜「〜につながる」の意味と合いません。

この例文ではmaking 〜を名詞句（動名詞），childrenを〈動名詞の意味上のS〉だと考え，〈意味上のS〉と動名詞をSVのように訳します。「子どもがより健康的な食品の選択をすること（につながる）」となり，result in 〜に自然な意味でつながります。

図解 34

Dietary education | may result in
　　　　S　　　　　　　　　V

〈children making more healthful food choices〉.
◯ 意味上の**S**　　　　　　　　名詞句（動名詞）

result in 〜 / lead to 〜「〜につながる」，because of 〜 / due to 〜「〜が原因で」などの**因果表現の後ろには〈意味上のS＋動名詞〉が続き**やすいことも覚えておきましょう。

まとめ 🖊

1. 〈名詞＋*doing*〉の*doing*はまずは形容詞句だと考える。
2. 名詞と*doing*をSVのように「名詞が…すること」と訳せる場合は〈意味上のS＋名詞句（動名詞）〉になる。
3. 因果表現の後ろには〈意味上のS＋動名詞〉が続きやすい。

▷ **例文訳 34** 食育は，子どもがより健康的な食品の選択をすることにつながるかもしれない。

Lesson
5

〈名詞＋*doing*〉を見抜く②

今回は**名詞が〈分詞構文の意味上のS〉になるパターン**を解説します。

例文 35 次の英文の*doing*の品詞を把握して，意味を考えましょう。

Critical thinking and clear communication are
indispensable, the latter being the more important.

critical thinking **名** 批判的思考　indispensable **形** 必要不可欠な　latter **名** 後者

まず文のSVを把握しましょう。Sが長そうですが，areがVであること
は確定なので，その直前までのCritical ～ communicationがSです。

indispensableは形容詞で，be動詞の後ろに形容詞が続く場合はSVC
になります。**コンマの前まででSVCの文が成立**していますね。

コンマの後ろは，the latterにbeing ～が続いて〈名詞＋*doing*〉になっ
ていますが，**being ～ importantは*doing* ～が文末にあるタイプの分詞
構文で，the latterはその〈意味上のS〉**です。〈分詞構文の意味上のS〉
は文のSと同じ場合は省略されますが，文のSと異なる場合は基本的に省
略されずに*doing*の前に置かれます。ここでは**the latterとbeingの間に
SVの関係が成り立ち**「後者がより重要である」という訳になります。

図解 35

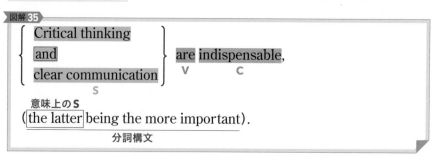

例文訳 35 批判的思考と明確なコミュニケーションは不可欠であり，そして後者はより重要である。

例文 **36** 次の英文の *doing* の品詞を把握して，意味を考えましょう。

The volume of deskwork will decrease with AI carrying out many tasks.

deskwork 名 デスクワーク

The volume of deskwork がS，will decrease がVです。ここまでで**SVの文が成立している**ことを確認します。

Vの後ろに〈with ＋名詞＋ *doing*〉が続いています。この形の〈名詞＋ *doing*〉には〈意味上のS＋動名詞〉や〈名詞＋形容詞句〉などのさまざまな可能性がありますが，この文では**名詞と *doing* の間にSVの関係が成り立ち，〈意味上のS＋分詞構文〉にwithがついたパターン**だと考えられます。

〈with ＋意味上のS＋分詞構文〉のパターンは【付帯状況】「～ままで」，【条件】「～すると」，【理由】「～なので」などで訳します。

この文は【条件】の意味で訳し，「AIが多くのタスクを行えば」とすると自然な意味になります。

図解 **36**

The volume [of deskwork] will decrease
  S   V

意味上の**S**

(with AI carrying out many tasks).
with   分詞構文

まとめ

1. 〈名詞＋ *doing*〉以外の部分が文として成り立つ場合，〈名詞＋ *doing*〉は〈意味上のS＋分詞構文〉の可能性が高い。名詞と *doing* をSVのように訳して自然な意味になれば確定。

2. 〈with ＋名詞＋ *doing*〉は，名詞と *doing* をSVのように訳して意味が成り立てば〈with ＋意味上のS＋分詞構文〉のパターンになる。【付帯状況】，【条件】，【理由】などの意味で訳す。

例文訳 **36** AIが多くのタスクを行えば，デスクワークの量は減るだろう。

Part 2 Chapter 2　Exercise A

次の英文の *doing* をふくむカタマリが（A）名詞句，（B）形容詞句，（C）副詞句のどれかを判断し，文の意味を考えましょう。

解答・解説

❶ Watching movies is a good way to learn English.　▶

❷ The road leading to the station is full of cars.　▶

❸ Demand for steel decreased, leading to a drop in prices.　▶

demand for steel 名 鋼鉄の需要

❹ I never dreamed of the actress coming to Japan.　▶

❺ I can't relax with you watching me like that.　▶

解答

❶ (A)　❷ (B)　❸ (C)　❹ (A)　❺ (C)

解説

❶　文頭の*doing*～は後ろにVが続くか，SVが続くかで名詞句か副詞句かを判別するのでしたね。この文ではWatching moviesの後ろにVのisが続いています。つまり，**(A) が正解**です。

▶Lesson1

〉英文訳〉映画を見るのは，英語を学ぶよい方法だ。

❷　The road leading to ～は〈名詞＋*doing*〉の形になっています。この形の*doing*はまず形容詞句と考えるのでしたね。leading to the stationがThe roadを修飾していると考えれば自然な意味になるため，**(B) が正解**です。

▶Lesson4

〉英文訳〉駅に続く道は車でいっぱいだ。

❸　Demand for steelがセットでSで，decreasedがVです。後ろに〈, *doing*〉があるため，〈SV ～(,) *doing* ...〉の副詞句と考えましょう。意味的にも成り立つため **(C) が正解**です。

▶Lesson3

〉英文訳〉鋼鉄の需要が減り，その結果価格が下落した。

❹　the actress coming ～が〈名詞＋*doing*〉のためまずは形容詞句と考えますが，それでは意味が成り立ちません。この文ではthe actressを動名詞の意味上のSと考え，the actressとcoming ～をSVのように訳すと自然な意味になります。つまり **(A) が正解**です。

▶Lesson4

〉英文訳〉その女優が日本に来るとは夢にも思わなかった。

❺　I can't relaxの後ろに〈with ＋名詞＋*doing*〉が続いています。この名詞と*doing*の間にはSVの関係が成り立つため，〈with ＋意味上のS＋分詞構文〉のパターンだと判断できます。分詞構文なので，**(C) が正解**です。訳は【付帯状況】，【条件】，【理由】などになるのでしたね。ここは【条件】で訳しましょう。

▶Lesson5

〉英文訳〉あなたがそんなふうに私を見ていたら，リラックスできない。

文頭の*done* 〜を見抜く

動画でわかる！▼

　文頭の*done* は，名詞を修飾する**形容詞**（過去分詞の形容詞的用法）や，**副詞句**（受動態の分詞構文）を作るパターンが考えられます。

例文 **37**　次の英文の構造を把握して，意味を考えましょう。

Automated cars may make commuting more pleasurable.

automate **動** 〜を自動化する　commuting **名** 通勤　pleasurable **形** 楽しい

　文頭の*done* が形容詞なのか副詞句を作っているのかを判別しましょう。Automatedを「自動化された」の意味の形容詞だとすると，Automated carsで「自動化された車」→「自動運転車」という自然な意味のSになりますね。続くmay makeがVとなります。

　仮に分詞構文である場合はAutomated, cars 〜のように*done* 〜のカタマリの後ろにコンマが入るのがふつうなので，ここでは当てはまりません。

図解 **37**

Automated cars | may make | commuting | more pleasurable.
S　　　　　　　　　V　　　　　O　　　　　C

　makeの後ろにはOになる名詞のcommuting，さらに形容詞のmore pleasurableが続いていますが，「commuting ＝ more pleasurable（通勤＝より楽しい）」の関係が成り立ち，SVOCと判断できます。

　make OCは「OをCにする」，pleasurableは「楽しい」なので，「自動運転車は通勤をより楽しいものにするかもしれない」になります。無生物主語構文 ▶P.58 として「自動運転車によって通勤がより楽しくなるかもしれない」とSを副詞っぽく変換して訳すこともできます。

例文訳 **37**　自動運転車は通勤をより楽しいものにするかもしれない。［自動運転車によって通勤がより楽しくなるかもしれない。］

例文 **38** 次の英文の構造を把握して，意味を考えましょう。

Considered a perfect gentleman, he was widely respected.

widely **副** 広く，多くの人に

　文頭の Considered が形容詞なのか副詞句を作っているのかを考えます。
　後ろに名詞（a perfect gentleman）がありますが，形容詞が冠詞（a）を飛び越えて名詞を修飾することはないため，ここは形容詞である可能性はないと判断できます。この時点で Considered 〜は副詞句だと判断できますが，より丁寧に読んでいきましょう。

　文の後半にコンマがあり，さらにその後ろは he was widely respected という SV になっていますね。つまり Considered 〜 gentleman が M になるため，やはりこれは分詞構文です。**文頭の分詞構文は「〜して」の訳**になります。

図解 **38**

(Considered a perfect gentleman), he was widely respected.
副　　　　　　分詞構文　　　　　　　S　V

　ここで改めて Considered 〜 gentleman の意味を考えましょう。まず consider は consider OC「O を C だと見なす」という形をとり，これを受動態にすると S is considered C という形になります。分詞構文を作る際にはここから **S と be 動詞が消える** ため，Considered C という形になります。この例文だと a perfect gentleman が C に当たりますね。

まとめ

1. 文頭の *done* は形容詞（過去分詞の形容詞的用法）になるか副詞句（分詞構文）を作る。

2. 後ろに名詞があり，*done* がその名詞を修飾していれば形容詞。

3. *done* 〜のカタマリの後ろに SV が続いていれば副詞句。この場合はふつう *done* 〜のカタマリの後ろにコンマがある。

〉例文訳 **38** 完璧な紳士だと考えられ，彼は広く尊敬されていた。

動画でわかる！
▼

Lesson

2 〈名詞＋*done*〉を見抜く①

〈名詞＋*done*（に見えるもの）〉の場合，〈**名詞＋形容詞句（過去分詞の形容詞的用法）**〉，もしくは*done*に見えるものが実は過去形で〈**名詞＋動詞（過去形）**〉の形で文のSVになっているパターンなどが考えられます。

> 例文 **39** 次の英文の構造を把握して，意味を考えましょう。

Some scientists considered the risks manageable.

manageable **形** 管理できる

Some scientistsがSです。この後ろにconsidered 〜が続き，〈名詞＋*done*（に見えるもの）〉になっています。このconsideredが形容詞（句）なのか，動詞の過去形でVなのかを判別しましょう。

consideredの後ろには名詞（the risks）と形容詞（manageable）が続いています。ここは「the risks ＝ manageable（リスク＝管理できる）」の関係が成り立ち，(S)VOCと考えられ，**consideredが過去形であるconsider OCの形**に当てはまります。

considered 〜をscientistsを修飾する**形容詞句と考えた場合，文からVになるものがなくなってしまう**ため，形容詞句ではないとわかります。

> 図解 **39**

Some scientists considered the risks manageable.
　　　S　　　　　　V　　　　　O　　　　　C

someがSの位置にあるときは，「一部の〜」や「中には〜する人もいる」と訳すようにしましょう。

例文 **40** 次の英文の構造を把握して，意味を考えましょう。

People now considered great geniuses were ordinary people at first.

genius **名** 天才

PeopleがSで，後ろにnow considered ～と続いています。このconsideredが形容詞なのか，V（過去形）なのかを考えましょう。

consideredがVだとすると，後ろには名詞（great geniuses），そして動詞（were）が続いているため，一見〈consider that + sv〉のthatが省略された形のようにも見えます。ただ，この形だとするとnow consideredの部分が「今，考えていた」の意味になり，過去形とnowを一緒に使っている点が不自然です。

この now considered ～を**形容詞句と判断する**と「**今～だと考えられている人々**」のように**Peopleを説明**することができます。**後ろには文のVと考えられるwere**があり，consideredのカタマリはそのwereの直前のgeniusesまでだと考えられます。

図解 **40**

People [(now) considered great geniuses]
　S　　└┘

were ordinary people (at first).
　V　　　　C

まとめ

1. 〈名詞＋*done*（に見えるもの）〉の場合，*done*（に見えるもの）は形容詞句（過去分詞の形容詞的用法）を作っているか，動詞の過去形で文のVになっている可能性がある。

2. *done*（に見えるもの）を除くと文のVがなくなってしまうのであれば，Vだと判断する。

3. *done*のカタマリが名詞を説明し，後ろに文のVがあれば形容詞句だと判断する。

例文訳 **40** 今，偉大な天才だと考えられている人も最初はふつうの人だった。

〈名詞＋*done*〉を見抜く②

動画でわかる！

今回は〈名詞＋*done*（に見えるもの）〉でやや難しい，〈SVO＋*done*〉と〈with＋名詞＋*done*〉のパターンに触れていきます。

例文 41 ▶ 次の英文の構造を把握して，意味を考えましょう。

A proper diet helps keep you motivated and focused.

help *do* 熟 …するのに役立つ　motivate 動 〜に動機を与える

A proper dietがS，helps keepはワンセットでVと考えましょう。続くyouはkeepのOとなります。

次にmotivatedの品詞を考えますが，**keepを見た時点でkeep OC「OをCに保つ」を想定できるようになりましょう。〈名詞＋*done*〉の前にSVOCの形をとる動詞がある場合は〈SVO＋*done*〉が想定されます。**O（you）とC（motivated）は**受動の関係**で，「あなたを動機づけられた状態に保つ」→「やる気がある状態に保つ」の意味になります。

andは文法的に等価なものを結ぶのでmotivatedとfocusedは並列になっていると考えられますね。focusedは2つめのCになります。

図解 41

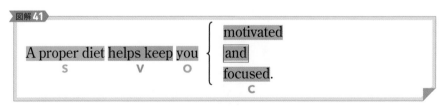

無生物主語構文として「適切な食事を取れば，やる気と集中力を保つことができる」とSを副詞っぽく変換して訳してもよいでしょう。

> 例文訳 41 ▷ 適切な食事はやる気と集中力を保つのに役立つ。

例文 **42** 次の英文の構造を把握して，意味を考えましょう。

You don't get lucky while sitting in the sofa with your arms crossed doing nothing.

　YouがS，don't getがV，luckyは形容詞でCになっています。ここまででSVCの文が成立していますね。getは「～になる」の意味です。

　whileは接続詞で，sitting ～は分詞構文です。意味をはっきりと示すために分詞構文の前に接続詞を置くことがあります。while sitting in the sofaで「(人々が) ソファーに座っている間」と考えましょう。

　sofaのあとが〈with＋名詞＋*done*〉で，your armsが名詞，crossedが*done*です。〈with＋意味上のS＋分詞構文 (*doing*)〉はChapter 2 ▶**P.73** で解説しましたが，ここは〈with＋意味上のS＋分詞構文 (*done*)〉の形です。**名詞と*done*をSVのように訳す点は同じですが，受動の関係**です。「腕がクロスされたままで」 → 「腕を組んだままで」となりますね。

図解 **42**

　doing nothingは文末にきている*doing*のカタマリで，直前に名詞もないため分詞構文と考えます。

> **まとめ**
>
> **1.** 〈名詞＋*done*〉の前にkeepなどのSVOCをとる動詞がある場合，〈SVO＋*done*〉を想定する。
> **2.** 〈with＋名詞＋*done*〉は，名詞と*done*をSV (受動関係) のように訳して意味が成り立てば〈with＋意味上のS＋分詞構文〉で，【付帯状況】，【条件】，【理由】などの意味で訳す。

例文訳 **42** 何もせずに腕を組んだままソファーに座っている間は，幸運になることはない。

Part2 Chapter3   Exercise Ⓐ

次の英文の *done*（に見えるもの）をふくむカタマリが（A）動詞の過去形，
（B）形容詞句，（C）副詞句のどれかを判断し，文の意味を考えましょう。

(解答・解説)

❶ The man called Barry can run so fast.　　　　▶

❷ Many people considered the movie a masterpiece.　▶

❸ I always keep my cell phone turned off.　　　　▶

❹ He was standing with his eyes closed.　　　　▶

❺ Considered a brilliant scientist, the man inspires the
next generation.　▶

解答

❶ (B) **❷** (A) **❸** (B) **❹** (C) **❺** (C)

解説

❶ 〈名詞＋ *done*（に見えるもの）〉になっています。calledがVだとすると，その後ろにVとなるcan runがあり，文が成り立ちません。つまりcalled Barryは形容詞句で，**(B)** が正解となります。　▶ Lesson2

> 英文訳 〉 バリーと呼ばれるその男性はとても速く走ることができる。

❷ consideredの後ろにはthe movieとa masterpieceの2つの名詞が続いています。「the movie ＝ a masterpiece（その映画＝傑作）」の関係が成り立つため(S)VOCと考えられ，consider OCが過去形で使われているものと判断できます。よって **(A)** が正解です。　▶ Lesson2

> 英文訳 〉 多くの人がその映画を傑作だと考えていた。

❸ SVOCの形をとるkeepの後ろに〈名詞＋ *done*〉があるので〈SVO＋ *done*〉を想定します。「O（my cell phone）をC（turned off）に保つ」で自然な意味になります。よって **(B)** が正解です。　▶ Lesson3

> 英文訳 〉 私はいつも携帯電話の電源を切ったままにしている。

❹ with his eyes closedが〈with ＋名詞＋ *done*〉の形になっています。his eyesとclosedがSV（受動関係）になっているため，〈with ＋意味上のS＋分詞構文（ *done*）〉と考えられます。分詞構文なので，**(C)** が正解です。

▶ Lesson3

> 英文訳 〉 彼は目を閉じたまま立っていた。

❺ 文頭のConsideredの後ろにはa brilliant scientistがあり，形容詞が冠詞を飛び越えて名詞を修飾することはないため，Considered 〜は形容詞句ではないと判断できます。また，コンマの後ろにはthe man inspiresとSVが続いています。つまり分詞構文なので，**(C)** が正解です。　▶ Lesson1

> 英文訳 〉 すばらしい科学者だと考えられ，その男性は次世代を鼓舞している。

動画でわかる！▼

知覚動詞を見抜く

see, hear, feel などは「知覚動詞」と呼ばれ, 以下の３つの形をとることができます。今回はこの**知覚動詞の３パターン**を判別する練習をしましょう。*do・doing・done* はいずれもSVOCのCに当たります。

▶知覚動詞の３パターン

see ○	*do*	○が…するのを見る
	doing	○が…しているのを見る
	done	○が…されるのを見る

例文 **43** 次の英文の構造を把握して, 意味を考えましょう。

Small-minded people don't like to see others doing better than them.

small-minded **形** 心の狭い

Small-minded people がS, don't like to see をVと考えましょう。don't like to *do* で「…するのを好まない」になります。

この see の後ろの構造を考えます。**see を見たらまずは知覚動詞の３パターン（see ○ *do* / see ○ *doing* / see ○ *done*）を想定**するようにしましょう。この例文では, **名詞（others）の後ろにdoingがあるため see ○ *doing* の形**に当てはまりますね。

図解 **43**

Small-minded people
　　　　S

don't like to see others doing better than them.
　　V　　　　see　　O　　doing

例文訳43 心の狭い人は他人が自分よりうまくいっているのを見るのを好まない。

例文 **44** 次の英文の構造を把握して，意味を考えましょう。

Great people like to see someone succeed.

Great people が S，like to see が V です。

ここも see があるため，**知覚動詞の 3 パターン**（see O *do* / see O *doing* / see O *done*）**を想定**して読みましょう。see の後ろは〈名詞 (someone) ＋動詞 (succeed)〉になっていて，**see O *do* の形**に当てはまります。

図解 **44**

Great people	like to see	someone	succeed.
S	V	O	*do*
		see	

see O *do* は「始めから終わりまでを見る」，see O *doing* は「途中だけを見る」といったニュアンスの違いがありますが，英文解釈や和訳においては「…するのを見る」「…しているのを見る」と訳し分けるだけで十分です。

愛知学院大の長文の一部では，More than 75,000 people came to the concert to <u>hear her sing</u>.「75,000 人以上の人が，彼女が歌うのを聞くためにコンサートに来た」という文が出題されました。「コンサートに来た」という状況から「始めから終わりまで聞く」という hear O *do* のニュアンスがよくわかる例ですね。

まとめ

　see，hear，feel などの知覚動詞を見たら see O *do*・see O *doing*・see O *done* の 3 パターンを想定し，これらの形に当てはまれば知覚動詞として訳す。

〉 例文訳 **44** 〉 偉大な人はだれかが成功するのを見るのが好きだ。

Lesson 2　使役動詞を見抜く

動画でわかる！▼

make, have, letは使役動詞と呼ばれ，以下の形をとります。知覚動詞と同様，*do*・*doing*・*done*はいずれもSVOCのCに当たります。

make O	*do*	Oに（無理やり）…させる
		Sによって Oは…する
	done	Oを…された状態にする
have O	*do*	Oに（依頼して）…させる［してもらう］
	doing	Oに…させる
	done	Oを…してもらう［される］
let O	*do*	Oに（自由に）…させる

> **例文 45** 次の英文の構造を把握して，意味を考えましょう。

Winning makes you believe that you can win again.

　文頭のWinningの後ろにVのmakesがあり，このWinningは動名詞でSになっていると判断できます。

　次にmakesの後ろの文構造を考えます。**makeを見たらmake OCを想定する習慣をつけておく**ことが大切です。**makesの後ろには〈名詞（you）＋動詞（believe）〉が続いている**ため，ここはmake O *do*の形に当てはまると考えましょう。

　that節内はyouがs，can winがvで問題ありませんね。

> **図解 45**
>
> Winning makes you believe 〈that you can win again〉.
> 　　S　　V(make)　O　　*do*

　make O *do*は無生物主語構文 ▶P.58 として訳すと自然な訳になることが多いため，**S make O *do* は「Sによって Oは…する」**と訳しましょう。

> **例文訳 45** 勝つことによって，また勝てると信じるようになる。

例文 **46** 次の英文の構造を把握して，意味を考えましょう。

Even the most competent person has to have some of the work done by someone else.

(Even) the most competent person が S，has to have が V です。have の後ろの some of the work は名詞のカタマリと考えます。

さて，名詞の後ろに done が続いていますね。**have O *done* の形は *done* が形容詞句（過去分詞の形容詞的用法）として O を修飾し，「…される O を持っている」の意味になる可能性が高いです。形容詞句とすると不自然な場合に have が使役動詞のパターンを考えましょう。**ここでは「仕事の一部をだれかほかの人にしてもらう」と訳すと自然な意味になるため，使役動詞の形だと判断できます。

図解 **46**

(Even) <u>the most competent person</u>
　　　　　　　　　　S

<u>has to have</u> <u>some of the work</u> done (by someone else).
　V　**have**　　　O　　　　　***done***

done が形容詞のパターンも見ておきましょう。中央大学の英文で，「彼女にはシャルル・ボネ症候群と呼ばれる症状があった」と訳します。

<u>She</u> <u>had</u> <u>a condition</u> [called Charles Bonnet syndrome].
　S　　V　　　O　　　└┘
　　　　　　　　　　　　　　　　　syndrome **名** 症候群

まとめ

1. make を見たら make OC を想定し，make O *do* の形に当てはまれば使役動詞として訳す。

2. have O *done* は，まず *done* が形容詞句（過去分詞の形容詞的用法）で O を修飾する可能性を想定し，それで意味が不自然になる場合に使役動詞として訳す。

例文訳 **46** 最も有能な人でさえ，仕事の一部はだれかほかの人にしてもらわないといけない。

Part 2 Chapter 4 ｜ Exercise Ⓐ

次の英文の下線部の動詞が（A）知覚動詞，（B）使役動詞，（C）その他のどれかを判断し，文の意味を考えましょう。

(解答・解説)

❶ I <u>heard</u> the bell ring. ▶

❷ I <u>heard</u> someone singing outside. ▶

❸ She <u>made</u> me wait for an hour. ▶

❹ Kyle <u>had</u> his house painted. ▶

❺ Dolphins <u>have</u> a body part called a melon. ▶

解答

① (A) **②** (A) **③** (B) **④** (B) **⑤** (C)

解説

① heard があるため，知覚動詞の3パターン（hear O *do* / hear O *doing* / hear O *done*）を想定しましょう。heard の後ろは〈名詞（the bell）＋動詞の原形（ring）〉になっており，この文は **(A) 知覚動詞** hear O *do* の形に当てはまりますね。「O が…するのを聞いた」の意味になります。　　　　▶ **Lesson1**

〉英文訳〉私はベルが鳴るのを聞いた。

② この文も heard があるため **(A) 知覚動詞** の3パターンを想定します。heard の後ろは〈名詞（someone）＋ *doing*（singing）〉となっているため，hear O *doing* の形に当てはまり，「O が…しているのを聞いた」の意味になります。　　　　▶ **Lesson1**

〉英文訳〉私はだれかが外で歌っているのを聞いた。

③ made があるため，make OC を想定します。made の後ろには〈名詞（me）＋動詞の原形（wait）〉が続いているため，**(B) 使役動詞** make O *do* の形に当てはまり，「O に…させた」の意味になります。　　　　▶ **Lesson2**

〉英文訳〉彼女は私を1時間待たせた。

④ had の後ろに〈名詞＋*done*〉の形が続いています。この場合はまず *done* 〜が形容詞句になることを想定しますが，「塗られた家を持っていた」では不自然です。**(B) 使役動詞** と判断し「家を塗ってもらった」とすると自然な意味になります。　　　　▶ **Lesson2**

〉英文訳〉カイルは家をペンキで塗ってもらった。

⑤ have の後ろに〈名詞＋*done*〉の形が続いています。called a melon が a body part を修飾する形容詞句になると想定すると「メロンと呼ばれる体の部位」となり，自然な意味になります。**(C) が正解**です。　　　　▶ **Lesson2**

〉英文訳〉イルカにはメロンと呼ばれる体の部位がある。

Exercise **B**

次の英文の構造を把握して，意味を考えましょう。

❶ The most common way to make a positive change in our lives is to allow boredom to motivate us. 〔日本女子大〕

boredom **名** 退屈

❷ People considering owning a pet should first check with local animal shelters before going to a pet store.
〔帯広畜産大・改〕

check with ~ **熟** ~に問い合わせる

❸ Compared to reading novels or short stories, watching movies makes the story seem so real! 〔福岡女子大〕

❹ With the time spent eating, sleeping, taking care of household chores, and looking after the family, Americans have little time left for leisure activities.

〔東京電機大〕

household chores **名** 家事

❺ We decided to have the work done by the small shop downtown because it was offering a 20% discount.

〔帝京大・改〕

❻ If you're worried that asking questions will make you look bad, let me give you some perspective. 〔明治薬科大〕

解答・解説

❶

> The most common way [to make a positive change (in our lives)]
> S
>
> is 〈to allow boredom to motivate us〉.
> V   C

　The most common way が S で，その後ろに to make 〜が続いて〈名詞＋to *do*〉になっています。**way は不定詞の形容詞的用法と相性がよい名詞なので，この to make 〜は形容詞句と想定**して読み進めましょう。文の V は is なので，この直前の lives までが to make 〜のカタマリです。

　is の後ろにも to *do*（to allow 〜）が続き，〈be 動詞＋to *do*〉になっています。**to *do* を名詞句として考えると「The most common way 〜＝to allow 〜（最も一般的な〜の方法＝〜させること）」**となり，SVC が成り立ちます。意味的にも *be to* 構文ではありませんね。

　この allow O to *do* は「許す」で訳すとやや不自然なので「O に…させる」といった意味でとりましょう。

　ちなみに，「退屈に私たちのモチベーションを高めさせる」とは，退屈だと感じたときに，その退屈をきっかけにして，「新しいことをしよう」，「変化を起こそう」というようにモチベーションを高めるということです。

> 英文訳 私たちの生活の中でポジティブな変化を起こす最も一般的な方法は，退屈に私たちのモチベーションを高めさせることだ。

❷

> People [considering owning a pet]
> S
>
> should (first) check with local animal shelters
> V   O
>
> (before going to a pet store).

PeopleがSとなりますが，その後ろにconsidering 〜が続き〈名詞＋ *doing*〉になっているので，まずこの*doing* 〜のカタマリは形容詞句であると想定しましょう。

consideringのカタマリは，文のVとなるshould (first) check withの直前までだと考えられます。considerが**consider *doing*という定番の形**をとる ▶P.67 ことを意識すると，considering owning a petがセットになっていると気づきやすくなります。

check with 〜は熟語表現なので，should check withをまとめてVと考えましょう。

その後ろのlocal animal shelters「地元の動物保護施設」がO，before going以下は「〜行く前に」という副詞句になります。

> 英文訳 ペットを飼うことを考えている人は，ペットショップへ行く前にまず地元の動物保護施設に問い合わせるべきだ。

❸

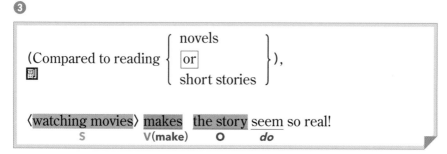

文頭の Compared to ～は前に修飾する名詞がないため分詞構文と判断できます。Compared ～のカタマリはコンマまでになりそうです。or が並列にしているのは文法的に等しい novels と short stories です。つまり，reading ～ stories が to の目的語です。

コンマの後ろには SV が続きます。watching movies の**後ろにV となる makes がきているので，watching movies は S となる名詞句**です。

makes の後ろには〈名詞（the story）＋動詞の原形（seem）〉が続いているので，**使役動詞 make O _do_ の形**に当てはまります。

watching movies が S の無生物主語構文なので，S を副詞っぽく変換して訳しましょう。O の the story と _do_ の seem の間には SV の関係があるので「物語が～に思える」と解釈できます。

〉英文訳〉小説や短編を読むのと比べ，映画を見ると，物語がとてもリアルに思えるんだ！

❹

$$
\text{(With } \underset{\text{with}}{\underbrace{\phantom{\text{With}}}} \; \underset{\text{分詞構文}}{\boxed{\text{the time}}} \; \text{spent} \left\{ \begin{array}{l} \text{eating,} \\ \text{sleeping,} \\ \text{taking care of household chores,} \\ \boxed{\text{and}} \\ \text{looking after the family} \end{array} \right\} \text{),}
$$

意味上のS

$$
\underset{S}{\text{Americans}} \; \underset{V}{\text{have}} \; \underset{O}{\text{little time}} \; [\text{left (for leisure activities)}].
$$

〈with ＋名詞＋ *done*〉から始まっています。**the time と spent の間に「時間が使われる」という SV の関係が成り立つため，〈with ＋意味上の S ＋分詞構文（*done*）〉**と考えましょう。

the time spent の後ろに *doing* がありますが，これは〈spend ＋ 時間 ＋ *doing*〉「…するのに 時間 を使う」が受動態になったものです。eating, sleeping, taking, looking の *doing* はすべて and で並列になっています。

eating は「食べること」ですが「食事」と訳すと自然です。同じように sleeping は「睡眠」，taking care of household chores は「家事労働」，looking after the family は「家族の世話」としましょう。

Americans から始まる主節は **have O *done*** の形になっています。この場合，*done* は形容詞句になることが多いのでしたね。**left 〜が time を修飾する形容詞句だと判断**すると自然な意味になります。

little は否定語で「ほとんど〜ない」と訳します。ここでは「ほとんど時間がない」という意味です。

> 英文訳 食事，睡眠，家事労働，家族の世話に時間をとられ，アメリカ人には余暇のために残された時間がほとんどない。

❺

We	decided to have	the work	done	(by the small shop downtown)
S	V　have	O	*done*	

(because it was offering a 20% discount).
副　　　s　　　v　　　　　o

　Weが S，decided が V となりますが，decide to *do*「…すると決める」は定番の形なので decided to have をセットで V と考えましょう。have の後ろに the work done が続き，**have O *done*** の形に当てはまります。

　この形は，まず *done* が形容詞句を作ることを想定しますが，そうするとここでは「〜された仕事を持っている」という**不自然な意味になるため，使役動詞のパターンだと判断**しましょう。使役動詞として「その仕事を〜してもらう」とすると自然な意味になります。

　by the small shop downtown は done が表す受動態の行為者（だれがそれをするのか）を示しています。

　because の節内は svo になっています。「20％の値引きを提供する」→「20％引きで（仕事を）行う」のように考えましょう。

───────────────────────────────
〉英文訳〉20％引きでしてくれると言うので，私たちは町の中心部にあるその小さな店に仕事をしてもらうことにした。

(If you're worried (that ⟨asking questions⟩
　　s　　　v

　　　　　　　　　　will make you look bad)**)**,
　　　　　　　　　　v　**make**　o　*do*

let　　me give you some perspective.
V **(let)**　O　*do*

If節内はyouがs，'re［are］worriedがvと考えましょう。worriedの後ろの
thatはhappyやangryなどの形容詞の後ろにくる接続詞のthatで「…ことを」
の意味を作ります。⟨*be* worried that＋sv⟩「…することが心配である」とい
うセットで考えましょう。

that節内はasking questionsで始まっており，後ろにはvとなるwill make
がきているので，asking questionsは名詞句でsになっているとわかります。
　makeの後ろには⟨名詞（you）＋動詞の原形（look）⟩が続いているので，
make O *do* の形に当てはまります。look badは「悪く見える」→「印象が悪
くなる」としましょう。
　次にコンマがきているので，If節はbadまでだとわかります。

コンマの後ろにはletがあります。letは活用がすべて同じ（let-let-let）な
ので判断しにくいですが，Oになるmeが続いていることから，このletは過
去分詞ではなく動詞の原形だとわかります。つまり，この文は命令文です。
　letの後ろは⟨名詞（me）＋動詞の原形（give）⟩となっているため使役動
詞の **let O** *do* の形に当てはまります。give you some perspectiveはv o_1 o_2
の形になっています。「あなたにある考え方を与える」→「ある考え方を教え
る」のように考えましょう。

> 英文訳 もし質問することで印象が悪くなることを心配しているなら，ある考え方を教えさ
> せてください。

アニメの中の "allow O to *do*"

Part 2 Chapter 1 Lesson 5 では S allow O to *do* が「S は O が…するのを許可する」ではなく「S のおかげで O は…できる」という訳になることを学びました。

大学入試でも「技術や技能のおかげで…できる」というパターンでよく使われますが，マンガやアニメで，特に特殊能力を持つキャラクターが登場するものでは頻繁に使われます。「できる」と訳す例としてアニメの実例に触れてみましょう。

Seat number one is Yuga Aoyama. His Quirk allows him to shoot a laser from his stomach.

座席番号１，青山優雅。「個性」を使えば，彼は腹からビームが撃てるぞ。

『僕のヒーローアカデミア』

この作品ではキャラクターたちがさまざまな「個性（Quirk）」を使って戦います。「〜のおかげで」をここでは「〜を使えば」としました。

My curse technique allows me to forcibly create a weak point I can exploit on any opponent.

私の術式を使えば，私はどんな相手にも強制的に弱点を作り出すことができます。

『呪術廻戦』

この作品ではキャラクターたちがさまざまな「呪術・術式（curse technique）」を使って戦います。

アニメの英語は入試問題ではあまり出会うことのない口語表現もふくむため難しいですが，日本語で見たことがある作品を使えば英語学習のハードルを下げることができます。大学生になってからでもいいのでぜひ聞き取りに挑戦してみましょう。

大学入試のために学んだ英語がリアルな英語でも役立つことを実感できるはずです。

　ここでは，whichやwhatなどの大きな意味のカタマリを作るものや，名前からすでに難しい形式主語構文や強調構文などを扱います。かなり難しくなってきますが，ここまでマスターすれば英語の世界が違って見えてきます。最後まで一緒に頑張りましょう！

Lesson
1

It is ～ to *do*を見抜く

動画でわかる！ ▼

It is ～ to *do* という形は，Sであるto *do*のカタマリがitに置きかわった**形式主語構文**のパターンと，**Itが代名詞で**to *do* **は名詞を修飾する形容詞句**であるというパターンがあります。

形式主語構文の成り立ちを押さえてから例文を読んでいきましょう。

元の文　　　：〈To learn a foreign language〉is important.
　　　　　　　↓主語を**It**に置きかえ　　　　↓**to *do***を後回しにする
形式主語構文：<u>It</u> is important 〈to learn a foreign language〉.

例文 **47**　次の英文の構造を把握して，意味を考えましょう。

It is very hard to do good work without being curious.

Itを見たらそれが何を指すのかを考えながら読み進めましょう。ひとまずItがS，isがV，very hardがCだと判断します。

まず〈It is ＋形容詞＋ to *do*〉のときは**形式主語構文になる可能性が非常に高い**ことを覚えておきましょう。この文もto *do*のカタマリがItに置きかわる形式主語構文だとすると「…することはとても難しい」という自然な意味になりますね。

do good workは「よい仕事をする」，without being curiousは「好奇心を持たずに」という意味です。形式主語構文では**Itを訳さず，to *do*のカタマリをSとして訳します。**

図解 **47**

It　is very hard 〈to do good work（without being curious）〉.
形式S　V　　C　　　　　　　　　　　　　　　　真S

例文訳 **47**　好奇心を持たずによい仕事をするのは，とても難しい。

例文 **48** 次の英文の構造を把握して，意味を考えましょう。

Work can give us a sense of purpose. It is also a way to gain skills.

１文めはWorkがS，can giveがV。giveを見てSVO₁O₂の定番の形を想定するとusがO₁，a sense of purposeがO₂と気づきやすくなります。

２文めは〈It is＋名詞＋to *do*〉の形になっています。この文ではItは１文めのWorkを指す代名詞，もしくは後ろのto gain skillsが置きかわった形式主語である場合が考えられます。

この文が形式主語構文だとすると「技術を身につけることも方法である」という意味になり不自然です。つまりこのItはWorkを指す代名詞で，to gain skillsはa wayを修飾する**形容詞句**になります。

図解 **48**

Work can give us a sense of purpose.
S   V   O₁   O₂

It is (also) a way [to gain skills].
S V   C

ちなみに**a way to *do*のto *do*はa wayを修飾する形容詞句である場合がほとんど**です。よく使われるので，以下の形を覚えておきましょう。

a good way to *do*	…するよい方法
an easy way to *do*	…する簡単な方法
the best way to *do*	…する最もよい方法
the only way to *do*	…する唯一の方法

まとめ

1. 〈It is＋形容詞＋to *do*〉のときはほぼ形式主語構文。
2. 〈It is＋名詞＋to *do*〉のときは意味から判断。wayのような不定詞の形容詞的用法と相性のよい名詞もヒントになる。

例文訳 **48** 仕事は私たちに目的意識を与えてくれる。またそれは技術を身につける方法でもある。

動画でわかる！
▼

Lesson 2 V it 〜 to do を見抜く

今回はSVOCのOであるto doのカタマリがitに置きかわる**形式目的語構文（V it 〜 to do）**を扱います。V it 〜 to doの〈〜〉にはCが入り，**V it C to do となります。**

形式目的語構文は次のように説明できますが，形式主語構文と異なり，実際には元の文のような find to do Cの形で使われることはありません。

元の文　　　　：I find 〈to answer the question〉 easy.
　　　　　　　　↓ 目的語を**it**に置きかえ　↓ **to do**を後回しにする
形式目的語構文：I find it easy 〈to answer the question〉.

> 例文 **49** 次の英文の構造を把握して，意味を考えましょう。

I find it important to learn a foreign language.

IがS，findがVです。findは find OC が定番の形 ▶P.39 で，続くitをO，importantをCだと考えましょう。

この例文でもitを見たらそれが何を指すのかを考えてください。**この文はCの後ろにto doが続いているため，V it C to doだと判断**できます。to learn a foreign languageがitに置きかわった形式目的語構文です。

図解 **49**
I find　it　important 〈to learn a foreign language〉.
S　V　形式O　　C　　　　　真O

形式目的語構文のfind it C to doは定番の形としてよく使われるため，findを見たときに想定する形として覚えておきましょう。「わかる」で訳したくなりますが，「思う，考える」と訳すことも多いです。

> 例文訳 **49** 私は外国語を学ぶことが大切だと思っている。

例文 **50** 次の英文の構造を把握して，意味を考えましょう。

Learning a foreign language makes it easier for people to think differently.

differently **副** 違ったように

文頭のLearning a foreign languageの後ろにV（makes）が続いているため，Learning 〜 languageが名詞句でSになります。

make も make OCが定番の形です。itがO，easierがCとわかります。

Cの後ろにfor people to think differentlyと〈for＋名詞＋to *do*〉が続いています。この形を見た時点で〈for＋名詞〉を不定詞の意味上のSだと想定するのでしたね ▶P.60 。名詞とto *do*をSVの関係で訳し，「Sが…する」となるのでした。つまり，この文はfor people to think differentlyがitに置きかわった形式目的語構文になっているとわかります。

図解 **50**

〈Learning a foreign language〉 makes 　it　 easier
　　　　　　S　　　　　　　　　　　V　　形式O　　C

〈for people to think differently〉.
意味上のS　　真O

make it C to *do* も定番の形です。動名詞がSでmake OCとなっているので，無生物主語構文としてSを副詞っぽく変換して訳しましょう。

この例文のように，**形式目的語構文や形式主語構文でも不定詞の意味上のSをとることがある**ことを覚えておいてください。

まとめ

1. V it C to *do* の形を見たら形式目的語構文を想定する。
2. find it C to *do*，make it C to *do* などの定番の形を覚える。
3. to *do* の前に〈for＋名詞〉（不定詞の意味上のS）をとる可能性も考慮する。

例文訳 **50** 外国語を学ぶことによって，人が違った考え方をするのがより簡単になる。

次の下線部の英文が（A）形式主語構文，（B）形式目的語構文，（C）その他のどれになるかを選びましょう。

解答・解説

❶ It is dangerous to swim in this river. ▶

❷ You can watch movies during the flight. It is a nice way to travel. ▶

❸ You had better listen to him. It is a mistake to ignore the advice of professionals. ▶

❹ I find it easy to wake up early in the morning. ▶

❺ A tidy kitchen makes it easy for me to cook. ▶

解答

① (A) ② (C) ③ (A) ④ (B) ⑤ (B)

解説

① 〈It is＋形容詞＋to *do*〉となっているので，形式主語構文を想定しましょう。to swim 〜がItに置きかわっていると考えると意味的に問題ないため，**(A) 形式主語構文**です。　　　　　　　　　　　　　▶Lesson1

> 英文訳 〉この川で泳ぐのは危険だ。

② 〈It is＋名詞＋to *do*〉となっているので，Itが代名詞，もしくは形式主語です。ここではa nice way to travelとなっているためto travelは形容詞句の可能性が高く，意味的にも自然なのでItが代名詞のパターンです。よって**(C) その他**が正解です。　　　　　　　　　　　　　　▶Lesson1

> 英文訳 〉フライト中に映画が見られる。それは旅するよい方法だ。

③ 〈It is＋名詞＋to *do*〉となっているので，Itが代名詞，もしくは形式主語です。代名詞では意味が通らず，to ignore 〜がItに置きかわっているとすると自然な意味になるため，**(A) 形式主語構文**です。　　　▶Lesson1

> 英文訳 〉あなたは彼の話を聞いたほうがよい。プロの助言を無視するのは誤りだ。

④ findからfind OCを想定しましょう。it（O），easy（C），さらにto wake 〜というto *do*が続いており，find it C to *do*の形になっていますね。to wake up 〜がitに置きかわっている**(B) 形式目的語構文**と判断しましょう。　　　　　　　　　　　　　　　　　　　　　　　　▶Lesson2

> 英文訳 〉私は朝早く起きるのは苦痛ではないと思っている。

⑤ makes it easyを見た時点でmake it C to *do*を想定しましょう。続くfor meは不定詞の意味上のSと判断し，その後ろにto cookがあるので，やはり**(B) 形式目的語構文**です。　　　　　　　　　　　　　　　▶Lesson2

> 英文訳 〉キッチンが片づいていると私は料理がしやすい。

動画でわかる！
▼

whatを見抜く

whatは疑問文を作る以外に，疑問代名詞「何〜」や関係代名詞「〜こと・もの」として**名詞節**を作ります。ここではwhatの名詞節をカタマリとしてとらえる練習を行いましょう。

例文 **51** ▶ 次の英文の構造を把握して，意味を考えましょう。

Don't put off until tomorrow what you can do today.

Don'tから始まっているため命令文ですね。put off 〜は「〜を延期する」という熟語です。untilは接続詞と前置詞のどちらにもなりますが，あとにSVではなくtomorrowがあるため前置詞です。

この時点でまだput offのOが出てきていませんが，tomorrowの後ろにwhat，さらにsv（you can do）が続いています。whatは名詞節を作るのでしたね。**名詞節はOになれるため，** what you can do today をput offのOとしてとらえましょう。

図解 **51**

Don't put off (until tomorrow) 〈what you can do　　today〉.
　V　　　　　　副　　　　　　　　　　　　　O　　　↑oが不足

whatを「何〜」で訳すと「（人々が）今日何をできるか」という意味になり不自然です。**つまり，この文でwhatは関係代名詞**です。

また**関係代名詞（what，which，who，whom，that）の節内は，名詞が1つ不足する**ことも覚えておきましょう。この文のように文の名詞の要素（s・o・cのいずれか）に不足がある形を「不完全文」，接続詞の導く節内のような不足のない形を「完全文」と呼びます。

例文訳 **51** ▶ 今日できることを明日に延期するな。

例文 52 次の英文の構造を把握して，意味を考えましょう。

What you need is to get enough sleep.

文がWhatから始まっていますが，疑問文ではありませんね。疑問文の語順ではないですし，クエスチョンマーク〈？〉もありません。**whatは名詞節を作るため，この文ではwhatのカタマリがSになっている**と考えましょう。

では，どこまでがwhatのカタマリでSなのかを考えていきます。what節内のsはyou，vはneedだと考えられます。その後ろに文のVとなるisが続いているため，needまでがSだと判断できます。

isの後ろにto get 〜が続き，〈be動詞＋to *do*〉の形になっています。to *do*が名詞句だと考えると〈S＝名詞〉の関係が成り立ち，全体の文構造はSVCだとわかります ▶P.53 。

図解 52

〈What you need〉 is 〈to get enough sleep〉.
　　　　S　　　　　V　　　　　C

What you needは**what**を**関係代名詞**として訳した「**あなたが必要とするもの**」がよさそうですが，これを「**あなたに必要なのは**」と言いかえると訳が自然になります。この文は「あなたが何を必要とするか」と訳すと不自然ですね。

> **まとめ**
>
> **1.** whatは名詞節を作り，S・O・Cになる。
> **2.** 疑問代名詞「何〜」か関係代名詞「〜こと・もの」かは訳してみて自然なほうでとる。

〉 **例文訳 52** 〉 あなたに必要なのは十分な睡眠だ。

Lesson 2　whoを見抜く①

動画でわかる！
▼

whoは疑問代名詞として「だれ〜」の意味の**名詞節**を作る場合と，関係代名詞として**形容詞節**を作る場合があります。今回はこの名詞節と形容詞節を判別する練習を行いましょう。

例文 53　次の英文の構造を把握して，意味を考えましょう。

If you know what you want, you can know who you are.

If節内のsはyou，vはknow，whatは名詞節を作る ▶P.106 ためknowのoはwhat you wantです。what you wantの訳は「あなたが何を欲しいか」「あなたが欲しいもの」のどちらでもOKです。

続く主節が今回のメインテーマです。youがS，can knowがV，そのあとにwho you areが続いています。このwho 〜が名詞節か形容詞節かを考えますが，**他動詞knowの後ろには〇が必要なため，このwho 〜は名詞節になります。**このwhoは疑問代名詞として名詞節を作っています。「あなたがだれか」「あなたが何者か」のように訳すと自然です。

図解 53

(If you know 〈what you want〉), you can know 〈who you are〉.
接　s　v　　　　　o　　　　　　S　　V　　　　O

名詞節を作るwhoの判断には直前の他動詞がヒントになることが多いです。whoの直前にknowやwonderなどの他動詞がある場合は特に名詞節になっている可能性が高いため，覚えておきましょう。

If節にも主節にも出てくるyouは「一般的な人」と考えられます。「あなた」とは訳さず，「自分」と訳すと自然な意味になります。

例文訳 53　自分が欲しいものがわかれば，自分が何者かがわかる。

例文 54 次の英文の構造を把握して，意味を考えましょう。

Those who exercise regularly feel better about themselves.

feel good about ～ 熟 ～に満足している

文頭の Those who が重要です。この **those who ～「～する人々」は定番の形**で非常によく使われます。

those は people と同じ「人々」という意味の代名詞，who は関係代名詞です。**人を表す名詞の直後にある who は関係代名詞として形容詞節を作ることが多い**ことも頭に入れておきましょう。

who の節内は exercise が v，regularly は「定期的に」という意味の副詞で exercise を修飾していると考えられます。その後ろには文の V となる feel ～が続いています。つまり，who ～ regularly が Those を修飾する形容詞節で，Those who exercise regularly がこの文の S になります。

図解 54

Those [who exercise regularly] feel better about themselves.

S   V   O

feel good about ～がこの例文では feel better about ～という比較級で使われています。文中に明記はされていませんが，「運動する人々」と「運動しない人々」が比べられているのですね。このように **those who ～は比較級と相性がよい**ことも覚えておきましょう。

> ## まとめ
>
> **1.** who は名詞節と形容詞節を作る。
> **2.** 他動詞の後ろに続く場合は，疑問代名詞として名詞節を作っている可能性が高い。
> **3.** 人を表す名詞の後ろに続く場合は，関係代名詞としてその名詞を修飾する形容詞節を作っている可能性が高い。those who ～「～する人々」は定番の形として覚えておく。

例文訳 54 定期的に運動する人々は自分自身により満足している。

Lesson 3 whoを見抜く②

動画でわかる！
▼

　形容詞節を作る関係代名詞のwhoには，**非制限用法**や**連鎖関係代名詞**といったやや難しい用法があります。

例文 55 次の英文の構造を把握して，意味を考えましょう。

My father, who lived to be 94, often said that the 80s had been the most enjoyable years of his life.　the 80s **名** 1980年代

　My fatherがSです。後ろにコンマ〈,〉があり，who節が続いています。このように**コンマの後ろに関係詞節が続いて〈, who 〜〉の形になっているとき**は，関係代名詞の非制限用法を考えましょう。

　コンマで文を区切る非制限用法は，**接続詞（and, but, though, becauseなど）と代名詞（この例文ではhe）を補って考える**のが基本です。ここでは「私の父は，94歳まで生きたのだが，〜」などと訳すとよいでしょう。

　全体の文構造をつかむときは，非制限用法の関係詞のカタマリは無視します。My fatherに対応するVはsaid，saidのOはthat以下ですね。

図解 55

My father, [who lived to be 94], often said
　S　　　　　　　　　　　　　　　　　　　V

〈that the 80s had been the most enjoyable years [of his life]〉.
　O　　　S　　　　V　　　　　　　　　　C

　非制限用法はさまざまな訳になる可能性があります。基本は文を切り，接続詞と代名詞を補って考えますが，文を切らない制限用法のように形容詞節として名詞を修飾する形で訳しても自然な訳になることがあります。実はこの例文も「94歳まで生きた父は〜」としても問題ありません。

> **例文訳 55** 私の父は，94歳まで生きたのだが，80年代が人生で最も楽しい時期だったとよく言っていた。

例文 **56** 次の英文の構造を把握して，意味を考えましょう。

She is the girl who I think will win the prize.

She が S，is が V，the girl は C です。続く who は名詞の後ろにあるため関係代名詞ですが，今回は who の後ろの構造がやや複雑に見えます。

関係詞節の意味や構造がとりにくいときは元の文を考えてみてください。who は the girl を指し，この the girl はもともと I think will win the prize のどこかに入っていたはずです。そう考えると，think と will の間に the girl を入れれば文が成り立ちますね。

つまり，下の図のように **that 節内の s であった the girl が関係代名詞の who になり，前に移動して関係詞節が作られたもの**と考えられます。

I think 〈that the girl will win the prize〉

who I think 〈~~that~~ ☐ will win the prize〉 ＊that は省略

文中に動詞がたくさん出てくるため混乱しそうですが，このような〈**関係代名詞＋ SV ＋ v**〉の形を**連鎖関係代名詞**といいます。関係代名詞の節内に〈**S ＋ think [say / believe]**〉などの **that 節をとる動詞の SV がある場合にこの形がくると想定**すると気づきやすくなります。

図解 **56**

She is the girl [who I think 〈will win the prize〉].
 S   V   C   **who はもともと will win の s**

まとめ

1. 〈, who ～〉を見たら関係代名詞の非制限用法を想定する。接続詞と代名詞を補って訳すのが基本。

2. 関係代名詞の節内に that 節をとる動詞があるときは連鎖関係代名詞を想定する。

例文訳 **56** 彼女は，その賞を取ると私が思っている女の子だ。

Lesson 4

whomを見抜く

動画でわかる！
▼

whomは形容詞節を作る目的格の関係代名詞ですが，省略されることが多いためwhoに比べると出会う機会は少ないかもしれません。今回はやや難しい**whomが省略されないパターン**に触れていきます。

例文 57　次の英文の構造を把握して，意味を考えましょう。

It is important to make friends with people with whom you can share new experiences.

It is importantはSVCを作っていますね。〈It is ＋形容詞＋ to *do*〉の形で，to make 〜がItに置きかわった形式主語構文と考えます。

make friends with 〜は「〜と友だちになる」です。peopleの後ろにはwith，そしてwhomが続いています。このように**〈前置詞＋関係代名詞〉の形になっている場合はセットで考え，前置詞からのカタマリを形容詞節としてとらえる**ようにしましょう。

whomはpeopleを指すため，元の文を考えるとyou can share new experiences with themになり，「彼らと新しい経験を共有することができる」の意味とわかります。これをpeopleを修飾するように訳すと「新しい経験を共有することができる人たち」となります。

図解 57

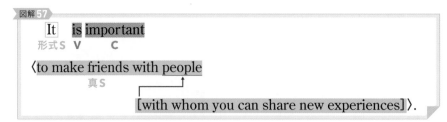

$\underset{\text{形式 S}}{\text{It}}$　$\underset{\text{V}}{\text{is}}$ $\underset{\text{C}}{\text{important}}$

〈to make friends with people
　　　　真S

[with whom you can share new experiences]〉.

例文訳 57　新しい経験を共有することができる人たちと友だちになることが重要だ。

112

例文 58 次の英文の構造を把握して，意味を考えましょう。

At the science festival, there were a lot of children, many of whom asked questions about black holes.

At the science festival は文頭の〈前置詞＋名詞〉なので副詞句です。there were a lot of children は「たくさんの子どもがいた」ですね。

2つめのコンマの後ろの many of whom 〜がメインテーマです。少し複雑ですが，**名詞（children）とコンマの後ろに〈名詞＋前置詞＋関係代名詞〉が続いています。**より細かく見ると**〈数量を表す名詞＋ of whom〉の形になっています。こういった形も〈前置詞＋関係代名詞〉の応用として考える**ようにしましょう。

whom は children を指し，元の文は many of them asked questions about black holes となっていたはずです。

意味は接続詞の and を補って考えると自然な意味になります。

図解 58

(At the science festival), there were a lot of children
副   V   S

, [many of whom asked questions about black holes].
非制限用法

ちなみにこの例文は〈, whom 〜〉の形になっている非制限用法ですね。**many of whom のような形は非制限用法で多く見られます。**

まとめ

1.〈前置詞＋関係代名詞〉を見たらセットで考え，前置詞からのカタマリを形容詞節としてとらえる。

2.〈数量を表す名詞＋ of whom〉といった〈名詞＋前置詞＋関係代名詞〉もセットで考える。非制限用法と組み合わせて使われることが多い。

例文訳 58 サイエンスフェスティバルには，たくさんの子どもが来ていて，その多くはブラックホールについて質問していた。

whichを見抜く

動画でわかる！

　whichは疑問代名詞として「どれ〜」の意味で**名詞節**を，関係代名詞として**形容詞節**を作ります。ただこの２つは，意味や修飾する名詞の違いはありますが判別のしかたはwho ▶P.108 とほぼ同じなので，今回は**関係代名詞whichのやや難しいパターン**を扱っていきます。

> 例文 **59** 　次の英文の構造を把握して，意味を考えましょう。

Some animals are disappearing which are vital for human beings to survive.

　Some animalsがS，are disappearingがVで意味的に現在進行形だと判断します ▶P.66 。この後ろに続くwhich 〜の品詞を考えましょう。

　whichは名詞節か形容詞節を作りますが，直前のdisappearは基本「消える」の意味の自動詞として使うため，which 〜が名詞節になっている可能性は低いと考えられます。
　つまりこのwhich 〜は形容詞節でSome animalsを修飾しているのですが，**Some animalsとwhich 〜が離れている**ことにより，which 〜を形容詞節だと判断しづらかったかもしれません。実はwhichに限らず関係詞をふくむ文ではこのように**先行詞と関係詞が離れる**ことがあります。

> 図解 **59**

Some animals are disappearing
 S ↑   V

　　　[which are vital (for human beings to survive)].

　which節内には〈for＋名詞＋to *do*〉があり，human beingsは不定詞の意味上のSだとわかります。to surviveは副詞的用法と判断します。

> 例文訳 **59** 　人類が生きていくために必要不可欠な動物の中には，消えつつあるものもいる。

例文 60 次の英文の構造を把握して，意味を考えましょう。

We live in the age of information, which makes the ability to focus on the important information important.

We live in the age of information は SVM と なっ て い ます。続く 〈, which 〜〉の構造を考えましょう。

makes の後ろには the ability，さらに to focus 〜の to *do* が続いていま す。ability は不定詞の形容詞的用法と相性がよい名詞です ▶P.56 。the ability to focus on the important information はセットで考えてよいで しょう。その後ろにまた形容詞の important があります。makes の後ろに 〈名詞＋形容詞〉が続いているので make OC と判断しましょう。

さて，ここで〈, which 〜〉の先行詞が何かを考えます。information と考えても the age of information と考えても，どちらもいまいち自然な 意味にならなかったと思いますが，実は**非制限用法の which は直前の 「文」や「文の一部」を先行詞にする**ことができます。つまりこの例文で は**直前の文の We 〜 information がまるごと先行詞**となります。

図解 60

We live (in the age of information), [which makes
S V   M   v

the ability [to focus on the important information] important].
o   └┘   c

文が先行詞の場合，which は「そのこと」のように訳せば OK です。

まとめ

1. 先行詞と関係詞が離れている場合がある。

2. 〈, which 〜〉は「文」や「文の一部」も先行詞にできる。無生物 主語の場合も多いため「そのことにより」という訳を覚えておく。

例文訳 60 私たちは情報化時代に生きている。そのことにより，重要な情報に集中する能力が重要になる。

〈名詞＋sv〉を見抜く

動画でわかる！
▼

〈名詞＋sv〉を見たらまずは**関係詞の省略**を考えましょう。今回は目的格の関係代名詞の省略が起きている場合の文構造を把握する練習です。

例文 **61** 次の英文の構造を把握して，意味を考えましょう。

The challenges you experience today will make you wiser tomorrow.

The challengesが文のSになりますが，その後ろにyou experienceとsvが続いています。このような〈名詞＋sv〉の形がある場合はThe challenges (which) you experienceのように目的格の関係代名詞の省略が起きている可能性が高いです。

you experienceのあとにtodayがありますが，これをexperienceのoとしてとらえると不自然なので，このtodayは副詞です。その後ろのwill makeが〈助動詞＋do〉のため，文のVとなります。つまりyou experience todayがThe challengesを修飾する形容詞節です。

目的格の関係代名詞が省略された〈名詞＋sv〉では，vのoが不足することも覚えておきましょう。この例文だとexperienceのoが不足している前提で読むとtodayなどが続いても副詞だと素早く判断できます。

図解 **61**

The challenges [you experience (today)]
S　　　　　　　　↑oが不足

will make you wiser (tomorrow).
V　　o　c

make〜はmake OCで，Oがyou，Cがwiser，文末のtomorrowは副詞です。

例文訳 **61** 今日経験する難題により，あなたは明日，より賢くなれるだろう。

例文 62 次の英文の構造を把握して，意味を考えましょう。

The connection you share with your family matters more than any other relationship you have.

connection 名 関連

The connection you share が 〈名詞＋sv〉 の形になっています。**この形を見たらすぐに関係代名詞の省略を考えましょう。**

sv ～の形容詞節がどこまで続いているのかを考えると，share から share A with B「A を B と共有する」という熟語の形が想定できることと，文の V になる可能性がある matters があることから，you share with your family が The connection を修飾する形容詞節だと考えられます。**share A with B の A に当たる o が不足しています**ね。

matters の後ろの more than any other relationship は「ほかのどんな関係よりも」という意味です。名詞（relationship）の後ろに sv（you have）があり，こちらも 〈名詞＋sv〉 の形になっており，**目的格の関係代名詞の省略**が起きています。**have の o に当たる名詞が不足している**ことにも注意しておきましょう。

図解 62

The connection [you share (with your family)]
　　　　　　　S　　　　　┗┛

matters (more than any other relationship [you have [　　]]).
　V　　　副　　　　　　　　　　　　　　┗┛ s　　v　↑o が不足

matters は動詞で「重要である」でしたね ▶P.24 。

まとめ

　　〈名詞＋sv〉 を見たら関係代名詞の省略を想定する。続く o が不足していることや全体の文構造もヒントにして，形容詞節の範囲を考える。

例文訳 62 家族とのつながり［家族と共有するつながり］は，あなたが持つほかのどんな関係よりも重要だ。

Part 3 Chapter 2 　Exercise A

次の英文の下線部が（A）名詞節，（B）形容詞節のどちらになるか を選び
ましょう。

解答・解説

❶ <u>Who you are</u> is more important than <u>what you have</u>. ▶

❷ The actor <u>who I think is the most talented</u> is Tom ▶
Hanks.

❸ I had dinner with people <u>with whom I enjoy spending</u> ▶
<u>time</u>.

❹ There are some animals in this area <u>which only come</u> ▶
<u>out at night</u>.

❺ The book <u>you recommended</u> was fantastic. ▶

解答

❶ (A)，(A)　❷ (B)　❸ (B)　❹ (B)　❺ (B)

解説

❶ Who you areは前に名詞がなく，Sになっていると考えられるため **(A)
名詞節**だと判断しましょう。whatは名詞節を作るのでwhat you haveも **(A)
名詞節**です。
▶Lesson1・2

> 英文訳 自分が何を持っているかよりも，自分が何者であるかが大切だ。

❷ 名詞（The actor）の直後のwhoなので関係代名詞と考えられます。文構
造も意味も自然になるため，**(B) 形容詞節**です。who I think isと〈関係代
名詞＋SV＋v〉の形になっているので連鎖関係代名詞です。
▶Lesson3

> 英文訳 私が最も才能があると思う俳優はトム・ハンクスだ。

❸ 名詞（people）の直後に〈前置詞＋関係代名詞〉（with whom）があるた
め，**(B) 形容詞節**と判断しましょう。
▶Lesson4

> 英文訳 私は一緒に時間を過ごすのが楽しい人たちとディナーを食べた。

❹ 名詞（this area）の後ろにあるのでこのwhichは関係代名詞として，まず
は形容詞節と考えましょう。areaにかかる訳し方にすると不自然な意味にな
りますが，animalsにかかるように訳すと自然な意味になります。先行詞と
関係詞が離れたパターンで，**(B) 形容詞節**です。
▶Lesson5

> 英文訳 このエリアには夜にしか姿を現さない動物もいる。

❺ The book you recommendedが〈名詞＋sv〉の形になっています。つま
り関係代名詞が省略されていると考えられるので，**(B) 形容詞節**です。
▶Lesson6

> 英文訳 あなたが薦めてくれた本はすばらしかった。

whereを見抜く①

動画でわかる！

whereは**名詞節**（疑問副詞か，先行詞the place が省略された関係副詞）・**形容詞節**（関係副詞）・**副詞節**（従属接続詞）のどれにもなる可能性があります。まずは形，そして意味から文構造を把握しましょう。

> 例文 63 　次の英文の構造を把握して，意味を考えましょう。

There are some places in life where you can only go alone. Enjoy your solo journey.

There areの後ろにあるsome placesをSと考えましょう。in lifeはplacesを修飾する形容詞句か文を修飾する副詞句ですが，ここでは「人生にはいくつかの場所がある」のように副詞句として訳すのが自然です。

では，続くwhereが何の節を作っているかを考えましょう。

placesがどういう場所なのかの説明がなければ文の意味がよくわかりませんね。つまりこのwhereは関係副詞として形容詞節を作り，in lifeを間にはさみますが，some placesを説明していると考えるのが自然です。 whichでも扱いましたが，先行詞と関係詞は離れる場合があります ▶P.114。

関係副詞のwhereは基本的に【場所系】の名詞を修飾するということも覚えておきましょう。

> 図解 63
>
> There **are** <u>some places</u> (in life) [where you can only go alone].
> 　　　　V　　　　S
>
> <u>Enjoy</u> your solo journey.
> 　V　　　　　O

> 例文 64 次の英文の構造を把握して，意味を考えましょう。

There is no success where there is no laughter.

There isの後ろにあるno successがSと考えましょう。先ほどと同じく，続くwhereが何の節を作っているかを考えましょう。

ここではwhere 〜を形容詞節としてsuccessを修飾させようとしても，**関係副詞のwhereは基本的に【場所系】の名詞を修飾するので**，うまくいきませんね。

このwhere 〜は副詞節（従属接続詞）と考えるとうまくいきます。**接続詞のwhereは「…する場所に［で］」といった意味で副詞節を作ります**。今回はsにnoがついた否定文なので「笑いのない場所には」といった訳にしましょう。

> 図解 64

There **is** no success (where there **is** no laughter).
   V   S   **副**   v   S

ちなみに，whereが関係副詞として修飾できる名詞は【場所系】としましたが，**この【場所系】は「かなり広い意味での【空間】」**ととらえておきましょう。【状況】を表すsituation，【場合】を表すcase，【点】を表すpointなどが【場所】を表す意外なものとしてよく出てきます。

> まとめ

1. whereを見たら，名詞節・形容詞節・副詞節のどれになっているかを考える。

2. 【場所系】の名詞の後ろにある場合は，形容詞節を作り名詞を修飾している可能性が高い。

3. 「…する場所に［で］」と訳せる場合は副詞節を作っている。

> 例文訳 64 笑いのない場所には，成功はない。

Lesson

2

whereを見抜く②

動画でわかる！
▼

今回もwhereの役割を考える練習をします。

例文 65 次の英文の構造を把握して，意味を考えましょう。

In order for physical theory to be of use, we must know where the atoms are located.

of use 熟 役に立って

in order to *do*「…するために」は不定詞の副詞的用法【目的】の意味を明確に表す表現です。to *do*の前の〈for＋名詞〉は不定詞の意味上のSとして処理しましょう ▶P.60 。基本的にSVより前にある要素はMなので，In order 〜は副詞句です。

コンマの後ろはweがS，must knowがVです。これに続くwhereが何の節を作っているかを考えてみましょう。whereが**他動詞knowの後ろにあることがヒント**になります。**他動詞の後ろには○が必要なため，名詞節を作っている**とわかります。

whereが名詞節を作るときには２通りの訳が考えられます。１つは**疑問副詞**として「**どこ〜**」，もう１つは〈名詞＋関係副詞〉のthe place whereから名詞のthe placeが省略された形で「**〜場所**」です。
knowなどの他動詞の後ろにあるときは疑問副詞として「どこ〜」の意味になりやすいことを覚えておきましょう。

図解65

(In order <u>for physical theory</u> to be of use),
副　　　　　　　　　　意味上の**S**

<u>we</u> <u>must know</u> 〈where the atoms are located〉.
S　　　V　　　　　　　　　　　O

例文訳 65 物理学の理論が役立つためには，私たちは原子がどこにあるか知らなくてはならない。

次の英文の構造を把握して，意味を考えましょう。

Hollywood is where movie magic comes alive.

Hollywood **名** ハリウッド（地名）

　HollywoodがS，isがVです。whereが何の節を作っているかを考えます。**isの後ろなので形容詞節の可能性はありません。名詞節を作りSVCになっているか，副詞節を作りSVMになっているかのどちらかです。**

　where節内はmovie magic「映画の魔法」がs，comesがv，形容詞のaliveがcです。come aliveは「生き返る」「生き生きとする」という意味の熟語ですが，「映画の魔法」というsの意味に合うように訳語を考えて「映画の魔法が生まれる」のようにするとよいでしょう。

　where 〜が副詞節だとすると「ハリウッドは映画の魔法が生まれるところにある」となってしまい不自然です。

　それでは，名詞節で解釈するとどうでしょうか。**名詞節の場合は「どこ〜」と「〜場所」の2通りの訳が考えられますが，**Hollywoodは地名なので「ハリウッドは映画の魔法が生まれる場所だ」と訳すことで自然な意味になりますね。**ここまできてようやく名詞節と確定**できます。

Hollywood is ⟨where movie magic comes alive⟩.
　　S　　　V　　　　　　　　C

　大学入試ではthis［that］is where 〜「これが［それが］〜場所だ，ここで［そこで］〜する」といった形や，コンマの後ろに続く⟨, which is where 〜⟩といった**非制限用法の形**で使われることも多いです。

まとめ

1. 名詞節を作るwhereの判別には，直前の動詞がヒントになることが多い。

2. where 〜が他動詞の後ろにある場合は名詞節で○，be動詞の後ろにある場合は名詞節でC，または副詞節でMを作る。

例文訳 66 ハリウッドは，映画の魔法が生まれる場所だ。

Lesson
3

whenを見抜く

動画でわかる！
▼

whenも基本はwhereと同じで，**名詞節**（疑問副詞か，先行詞the time が省略された関係副詞）・**形容詞節**（関係副詞）・**副詞節**（従属接続詞）の どれにでもなり得ます。今回は重要なパターン2つを練習しましょう。

例文 67 次の英文の構造を把握して，意味を考えましょう。

A season of loneliness and isolation is when the caterpillar gets its wings.

caterpillar 图 幼虫

A seasonがSです。ofの後ろに続くlonelinessとisolationはandで並 列にされていて，of 〜 isolationのカタマリがA seasonを修飾する形容 詞句です。isがVとなります。

whenがどの節を作っているかを考えますが，**be動詞の後ろにあるので 名詞節を作っている**と判断できます。副詞節の場合は「…するときに （は）」の意味になり，ここでは明らかに不自然です。

whenは名詞節を作る場合，**疑問副詞として「いつ…するか」**，または 〈名詞＋関係副詞〉のthe time whenから名詞のthe timeが省略された形 で「…するとき」の2通りの意味になります。

この文はwhenの前のthe timeが省略されたものと考えれば，A season とwhen節が〈S＝名詞〉の関係になるためSVCとなります。

図解67

A season [of loneliness and isolation] is
　S　　└──┘　　　　　　　　　　　　V

〈when the caterpillar gets its wings〉.
　　　　　　　　　　C

例文訳 67 孤独や孤立の期間は，幼虫が羽を得るときである。

例文 68 　次の英文の構造を把握して，意味を考えましょう。

Happiness is only real when shared.

　　Happiness が S，is が V，only は副詞で，real が形容詞で C です。ここまでで SVC になっています。

　　では，残った when 節の役割を考えます。**ここまでで SVC が完成しているため，この when は接続詞で副詞節を作っている**と判断できます。

　　when の後ろに主語がありませんが，**副詞節を作る接続詞の後ろでは，主節と同じ主語と be 動詞が省略される**ことがあります。つまり，この文では when it is shared の副詞節から it is が省略されているのです。

　　when が出てきたときは副詞節「…するとき」になる可能性が最も高いです。〈s + be 動詞〉の省略や副詞節の範囲に注意して意味をとりましょう。

　　ちなみに，**when が形容詞節を作る場合には直前に【時間系】の名詞がくるのが基本**です。この例文では名詞ではなく形容詞がきているので，当てはまりませんね。

図解 68

Happiness is only real (when ~~it is~~ shared).
　　　 S 　　 V 　　 C 　 副 〈s+be 動詞〉の省略

　　only の訳がやや難しいですが，when 節を修飾していると考えましょう。

　　この例文は映画『イントゥ・ザ・ワイルド』の一節をアレンジしたもので，僕の好きな言葉です。

まとめ

1. 　when を見たら，名詞節・形容詞節・副詞節のどれになっているかを考えるが，when 節は副詞節になる可能性が最も高い。

2. 　他動詞の後ろにある場合は名詞節で O，be 動詞の後ろにある場合は名詞節で C，または副詞節で M を作る。

3. 　【時間系】の名詞の後ろにある場合は，形容詞節を作り名詞を修飾している可能性が高い。

例文訳 68 　幸せは，共有されたときにだけ本物になる。

Lesson 4

whyを見抜く

動画でわかる！
▼

whyはwhere・whenと違って副詞節は作らず，**名詞節・形容詞節**を作ります。whyが名詞節を作るパターンは先行詞the reasonが省略された関係副詞「…する理由」と，疑問副詞「なぜ…するか」の２つです。**形容詞節を作るのは関係副詞の場合で，〈the reason(s) why＋sv〉「…する理由」の形を覚えておきましょう。**

例文 **69** 次の英文の構造を把握して，意味を考えましょう。

A lot of people are afraid to say what they want. That's why they don't get what they want.

１文めは，A lot of peopleがS，*be afraid to do*は「怖くて…できない」という熟語なのでare afraid to sayをVとしてとらえます。whatは名詞節を作る ▶P.106 ことからwhat they wantがOです。

２文めがこのLessonのメインテーマです。ThatがS，'s [is] がV，**why節は名詞節と考えるのでCになっています。このwhyは前にある名詞のthe reasonが省略された関係副詞です。**why節内はtheyがs，don't getがv，what they wantは１文めと同じoになっています。

That's why 〜.は「それが〜する理由だ，そういうわけで〜」という意味の定番の形として覚えてもよいでしょう。

図解 **69**

A lot of people are afraid to say what they want.
　　　S　　　　　　　V　　　　　　　　O

That's 〈why they don't get what they want〉.
S　V　　　　　　　　　　C

例文訳 **69** 多くの人が怖くて自分の欲しいものが言えない。そういうわけで彼らは欲しいものが手に入れられないのだ。

例文 **70** 次の英文の構造を把握して，意味を考えましょう。

I wonder why so many people do what they don't want to do.

I が S，wonder が V です。wonder が他動詞であることと**why が名詞節を作る**ことから，文全体の構造は SVO と判断します。

why 節内は，so many people が s，do が v です。what 以下は s（they）と v（don't want to do）がある名詞節で，why 節内の o になっています。つまり why 節は文の最後まで続いていると考えられます。

why 節の意味を考えましょう。「…する理由」としてもおかしくないですが，**wonder のような他動詞の後ろに why が続く場合は「なぜ〜」という疑問副詞として訳すほうが自然になることが多い**です。

図解 **70**

I wonder

S   V

⟨**why so many people do ⟨what they don't want to do⟩**⟩.

O

wonder は「〜を不思議に思う」という意味の動詞ですが，wonder why 〜のときは「なぜ〜だろうか」のように訳すと自然な訳になります。

まとめ

1. why は疑問副詞として名詞節，もしくは関係副詞として the reason(s) を修飾する形容詞節を作る。
2. ⟨the reason(s) why + sv⟩ は the reason(s) が省略されることもあるため，結果的に「…する理由」と「なぜ…するか」の2つの意味のいずれかになると考える。
3. 他動詞の後ろにある場合は疑問副詞として「なぜ〜」と訳すと自然な意味になることが多い。

例文訳 **70** なぜそんなにも多くの人がやりたくないことをやっているのだろうか。

動画でわかる！
▼

Lesson 5 howを見抜く

howは**名詞節**を作ると考えます。関係副詞では厳密には形容詞節を作りますが，先行詞となるthe wayが必ず省略されるため，〈how＋sv〉「…する方法」を名詞節ととらえればOKです。疑問副詞では〈how＋sv〉「どのように…」か〈how＋形容詞［副詞］＋sv〉「どのくらい…」になります。

例文 **71** 次の英文の構造を把握して，意味を考えましょう。

> If you are always trying to be normal, you'll never know how amazing you can be.

If節内はyouがs，are (always) trying to beがv，normalがcと考えてよさそうです。コンマまでがif節ですね。

主節はyouがS，'ll［will］never knowがVです。**how 〜は名詞節と考えればよいので他動詞knowのOになります。**

では，このhow節の意味を考えましょう。howの直後に形容詞のamazingがあり〈**how＋形容詞＋sv**〉になっているので，このhowは**疑問副詞**として訳し「どのくらい…」の意味になります。

図解 **71**

(If you are (always) **trying to be normal)**,
接　s　v　　　　　　　　　　　　　c

you'll never know 〈**how amazing you can be**〉.
S　　　V　　　　　〈**how＋形容詞**〉　　O

amazing you can beはもともとyou can be amazingという語順でしたが，amazingがhowに引っ張られて前に出てきています。このようにhowは形容詞や副詞を前に引っ張る性質があります。

例文訳 **71** もしいつもふつうであろうとしていたら，自分がどのくらいすばらしい人になれるのか知ることは決してできない。

例文 72 次の英文の構造を把握して，意味を考えましょう。

Ten percent of your life is what happens to you and
ninety percent of it is how you react to it.

前半のSはTen percent of your life，Vはisです。whatは名詞節を作り
▶P.106，be動詞の後ろにあるのでCと判断します。what happens to
youで「あなたに何が起こるか」という意味になります。

andの後ろはSがninety percent of it，Vがisとなっており，先ほどの
Ten percent of your life isと同じ形になっていますね。つまり，**andが
並列にしているのは「文と文」**であることがわかります。ninety percent
of itのitはyour lifeを指していますね。

後半のisの後ろにhow you react to itとありますが，**このhow節も名
詞節**となり，be動詞の後ろにあるのでCになると考えられます。to itの
itはSと同じyour lifeととると不自然な意味になるため，もう1つの名詞
であるwhat happens to youを指すと考えられます。

図解 72

Ten percent of your life is ⟨what happens to you⟩
　　　　S　　　　　　　　　　V　　　　　　C

and

ninety percent of it is ⟨how you react to it⟩.
　　　　S　　　　　　　V　　　　　C

howの訳は「…する方法」（関係副詞）よりは「どのように…」（疑問
副詞）のほうがよさそうです。

まとめ

1. how節は名詞節ととり，「…する方法」か「どのように…」と
訳す。形容詞節ととるパターンは考えなくてもよい。

2. ⟨how＋形容詞［副詞］＋sv⟩の場合は「どのくらい…」と訳す。

例文訳 72 人生の10%は自分に何が起こるかで，90%はそれにどのように反応するかだ。

Part 3 Chapter 3　Exercise Ⓐ

次の英文の下線部が（A）名詞節，（B）形容詞節，（C）副詞節のどれに
なるかを選びましょう。

解答・解説

❶ The beach is one of my favorite places in the world
  <u>where I can relax</u>.　　▶

❷ The library is <u>where I go to study for my exams</u>.　　▶

❸ Please put the pen back <u>where you found it</u>.　　▶

❹ The subway is uncomfortable <u>when crowded</u>.　　▶

❺ I explained <u>how I fixed the flat tire on my bike</u>.　　▶

解答
① (B) ② (A) ③ (C) ④ (C) ⑤ (A)

解説

① 名詞の後ろにwhereがあるため，まずは形容詞節と考えましょう。直前のworldにかけると不自然な意味になりますが，my favorite placesにかけると自然な意味になるため，**(B) 形容詞節**です。　　　▶Lesson1

> 英文訳　そのビーチは世界で私が最も好きな，リラックスできる場所の1つだ。

② isの後ろなので名詞節か副詞節です。**(A) 名詞節**の「～場所」で訳すと自然な意味になります。副詞節の「～なところに」という意味でとると不自然になってしまいます。　　　▶Lesson2

> 英文訳　その図書館は，私が試験のために勉強しに行く場所だ。

③ whereの前は命令文として文が成り立っているため名詞節にはなれず，whereが形容詞節として修飾できる【場所系】の名詞もありません。つまり「～場所に」の意味になる **(C) 副詞節**が正解です。　　　▶Lesson1

> 英文訳　そのペンを見つけた場所に戻してください。

④ whenの前まででSVCが成り立っています。つまりこのwhenは接続詞で **(C) 副詞節**を作っています。when節内では〈s＋be動詞〉の省略が起きています。　　　▶Lesson3

> 英文訳　地下鉄は混んでいると快適ではない。

⑤ howは **(A) 名詞節**を作ります。この名詞節は他動詞explainedのOになっています。　　　▶Lesson5

> 英文訳　私はどのように自転車のパンクを直したのか説明した。

〈名詞＋that〉を見抜く

動画でわかる！
▼

〈名詞＋that〉はthatが関係代名詞として名詞を修飾する**形容詞節**，もしくは接続詞として【同格】のthat節を作っている可能性が高いです。

例文 **73** 次の英文の構造を把握して，意味を考えましょう。

The fact that the word manga is now used in many languages is a clear sign of how much Japanese comic books are loved.

Sである名詞（The fact）のあとにthatが続き，〈名詞＋that〉になっています。このthatが作るカタマリの役割を考えましょう。

thatの後ろに続くthe word manga is now usedをthat節内のsvと考えます。the word mangaは「マンガという言葉」と訳します。名詞が2つ並ぶと【同格】「〜という」の意味になることがあります。

主節のSであるThe factに対応する動詞を意識しながら読み進めると2つめのisが見つかります。このisの直前のlanguagesまでがthatのカタマリです。ここで**that節内が不足のない完全文であればthatは名詞節を作る接続詞で【同格】の意味になる**とわかります。

図解 **73**

The fact 〈that the word manga is now used in many languages〉
 S　└─ 同格 ─┘　　　└─ 同格 ─┘

is a clear sign [of 〈how much Japanese comic books are loved〉].
 V　　C　　└──┘

ちなみに，**fact**の後ろの**that**節はまず9割方【同格】と考えてOKです。**同格のthat節は相性のよい名詞が決まっている**ので覚えておきましょう ▶ P.163。

例文訳 **73** 現在，マンガという言葉が多くの言語で使われているという事実は，どのくらい日本のマンガが
　　　　　　愛されているかの明確な証拠である。

例文 74 次の英文の構造を把握して，意味を考えましょう。

> The environment that parents give to their children plays
> an important role in enabling them to grow up to be
> successful adults.

Sである名詞（The environment）の後ろにthatが続いています。that 節内のsはparents，vはgiveです。ここで次にtoが続くことから**giveの oがないことに注目しましょう。この不足しているoが関係代名詞thatに なり，前に移動しているのですね。**

toの目的語にはtheir childrenがきています。その後ろに文のVとなる playsがあるので，この直前のchildrenまでがthat節です。

play an important roleは「重要な役割を担う」です。inの後ろの enabling ～は動名詞句ですね。このenableは**S enable O to do「Sのお かげでOは…できる」**が定番の形です。Oにthem，doにgrow ～がきて います。**grow upの後ろのto do は副詞的用法【結果】**で，grow up to doで「成長して…する」という意味になります。

図解 74

The environment [that parents give ⸾　⸾ to their children]
　　　　　　　　S　　　　└─┘　　　　　　　　↑oが不足

plays an important role
　V　　　　　O

(in enabling them to grow up (to be successful adults)).

まとめ

1. 〈名詞＋that〉のthatは，関係代名詞としてthat節（形容詞 節）を作るか，接続詞として【同格】のthat節（名詞節）を 作る可能性が高い。
2. thatの後ろが完全文の場合，【同格】のthat節になる。
3. thatの後ろが不完全文の場合，関係代名詞のthat節になる。

例文訳 74 　親が子どもに与える環境は，子どもが立派な大人に成長できること［子どもを成長させ，成功し た大人になれるようにすること］において重要な役割を担っている。

〈so that + sv〉を見抜く

動画でわかる！

〈so that + sv〉は「…するように，…するために」の【目的】の意味，「そして…する」の【結果】の意味になります。

例文 75 　次の英文の構造を把握して，意味を考えましょう。

Sustainable design means designing buildings so that we can use resources wisely and without waste.

sustainable 形 持続可能な　　wisely 副 賢明に

Sustainable design が S，means が V です。他動詞 means の後ろに続いている designing ～は動名詞として名詞句を作り，O になっています。

　その後ろに so that が続いていますが，**コンマなしの so that の場合は【目的】の意味になることが多い**です。that 以下は svo（we can use resources）になっていますね。文末には wisely（副詞）と without waste（副詞句）が and で並列になっています。

　so that 以下は副詞節ですが，ここでは designing buildings の【目的】を説明しているので，動名詞が作るカタマリの一部だと考えましょう。

図解 75

Sustainable design means
　　　　S　　　　　　 V

〈designing buildings
　O

(so that we can use resources (wisely and without waste))〉.
　【目的】 s　　 v　　 o

コンマなしの〈so that + sv〉を見たらまず【目的】の意味で考えましょう。that が省略されることもありますが，まずはこの形に慣れてください。

例文訳 75 　持続可能なデザインとは，私たちが賢く，無駄なく資源を利用できるように建物を設計することだ。

例文 **76** 次の英文の構造を把握して，意味を考えましょう。

> The goal is for experience and knowledge to reinforce each other and increase understanding, so that knowledge enhances experience and experience creates further knowledge.
>
> enhance 動 ～を高める

The goal が S，is が V です。for の後ろには experience と knowledge が and で並列され，その後ろには to *do* が続き，〈for ＋名詞＋ to *do*〉の形になっています。〈for ＋名詞〉は不定詞の意味上の S です ▶P.60 。

to *do* の部分を見ると，動詞の reinforce とその目的語（each other），and の後ろには動詞の increase とその目的語（understanding）と同じ形が続いているので，これらの動詞で始まるセットは並列だと考えられます。

このあとにコンマがきて，so that が続いています。その後ろには２つの SVO（knowledge enhances experience と experience creates further knowledge）が and で並列されています。文と文の並列です。

〈, so that〉はほぼ【結果】の意味で考えて OK です。The goal is ～の説明になるのか，to *do* のカタマリにふくまれるのかはどちらでもよさそうですが，ここでは to *do* のカタマリにふくまれるものとしました。

図解 **76**

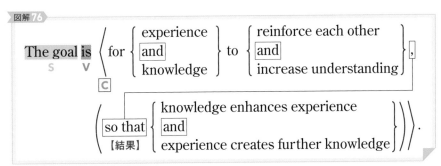

まとめ

1. コンマなしの〈so that ＋ sv〉はまず【目的】の意味で考える。
2. コンマありの〈so that ＋ sv〉は【結果】の意味で考える。

> 例文訳 **76** 目的は，経験と知識が互いを補強し，理解を深め，その結果知識が経験を高め，経験がさらなる知識を生み出すことだ。

Lesson 3 〈so ～ that＋sv〉を見抜く

動画でわかる！

〈so ＋形容詞［副詞］＋ that ＋ sv〉の場合，「…するほど～」の【程度】の意味や「とても～なので…」の【結果】の意味で訳します。

例文 77　次の英文の構造を把握して，意味を考えましょう。

Teamwork is so important that it is virtually impossible to demonstrate your real abilities without becoming good at it.

virtually 副 事実上，ほぼ

Teamwork is so important はSVCで問題ありませんね。important の後ろに that が続き 〈so ＋形容詞＋ that ＋ sv〉 の形になっているので，この意味が【程度】なのか【結果】なのかを考えていきましょう。

that の後ろは 〈it is ＋形容詞（impossible）＋ to *do*（demonstrate）〉の形なので形式主語構文 ▶P.100 だと考えられます。demonstrate の目的語は your real abilities，その後ろの without becoming ～は「～になることなしに」という意味の副詞句として考えましょう。

図解 77

Teamwork is so important
　　S　　V　　　C

(that　it　is virtually impossible
　　形式s　v　　　　　c

〈to demonstrate your real abilities
　真s
　　　　　(without becoming good at it)〉).

これを【程度】で訳してしまうと「チームワークを得意とすることなしに，自分の本当の能力を発揮することはほぼ不可能な<u>ほど</u>，それはとても重要である」となり不自然です。【結果】で訳すと自然な訳になります。

例文訳 77　チームワークはとても重要なので，それを得意とすることなしに自分の本当の能力を発揮するのはほぼ不可能である。

次の英文の構造を把握して，意味を考えましょう。

I hate jealousy so much that if I feel it, I try to shut it down immediately.

jealousy 名 嫉妬

I hate jealousy はSVOです。so much that ...の意味をとっていきましょう。**基本的にso 〜 that ...は英文の順番どおりの訳になる【結果】のほうが意味をとりやすいので，まずは【結果】で考えてみます。**

soより前は「私は嫉妬を嫌っている」ですね。thatの後ろの構造を見ていくと，まずifがあります。ifはif I feel itまでをカタマリとする副詞節と考えてよさそうです。that節内の主節はIがs，try to shutがv，itをoと考えましょう。downやimmediatelyはそれぞれ副詞です。

I hate jealousy (so much
S　V　　O

that (if I feel it), I try to shut it down immediately).
副　　　　　　　　s　　v　　o

【結果】で訳すと「私は嫉妬をとても嫌っているので，もし嫉妬するのを感じたら，即座に断ち切ろうとする」となり，【程度】では「私は，もし嫉妬を感じたらそれを即座に断ち切ろうとするほど，嫉妬を嫌っている」となります。今回は【結果】【程度】のどちらでも訳せそうですね。

so 〜 thatのthatも省略されることがあり，その場合はこの形に気づきにくくなりますが，**soを見た時点でthatを探す，thatがない場合も見えないthat節が作るsvを探し，省略されたthatを補ってみましょう。**

まとめ

1. 〈so ＋形容詞［副詞］＋ that ＋ sv〉はまず【結果】で考え，うまくいかなければ【程度】で訳すが，どちらでもよい場合が多い。

2. soを見たらthat節を探すようにすると形に気づきやすい。

私は嫉妬をとても嫌っているので，もし嫉妬するのを感じたら，即座に断ち切ろうとする。

次の英文の下線部の that が（A）【同格】の接続詞，（B）【目的】の接続詞，（C）【結果】の接続詞，（D）【程度】の接続詞，（E）関係代名詞のどれになるかを選びましょう。複数当てはまる場合もあります。

解答・解説

❶ The news <u>that the vaccine is now available to everyone</u> relieved us.

vaccine 名 ワクチン

❷ The movie <u>that we saw last night</u> was amazing.

❸ She was <u>so tired that she fell asleep during the movie.</u>

❹ She's studying hard <u>so that she can pass the exam.</u>

❺ She turned off her phone, <u>so that she could concentrate on her study.</u>

解答

❶ (A)　❷ (E)　❸ (C) もしくは (D)　❹ (B)　❺ (C)

解説

❶　news は【同格】の that と相性がよい名詞です。that 節内に s・o・c などの
名詞の不足はないため (A)【同格】の接続詞です。　▶Lesson1

> 英文訳　現在はワクチンがだれでも接種できるようになったというニュースを聞いて私たちは安心
> した。

❷　名詞の後ろの that なので関係代名詞の可能性が高いです。that 節内には
saw の o が不足しているため (E) 関係代名詞です。　▶Lesson1

> 英文訳　私たちが昨夜見た映画はすばらしかった。

❸　〈so＋形容詞＋that＋sv〉となっているので【結果】と【程度】の接続詞
を想定します。今回はどちらで訳しても自然な意味になるので (C)【結果】
の接続詞と (D)【程度】の接続詞のどちらでも正解です。　▶Lesson3

> 英文訳　(C) 彼女はとても疲れていたので，映画の最中に眠りに落ちた。
> (D) 彼女は映画の最中に眠ってしまうほど疲れていた。

❹　コンマなしの〈so that＋sv〉はまずは【目的】で考えるのでしたね。意味
的にも問題ないので (B)【目的】の接続詞です。　▶Lesson2

> 英文訳　彼女は試験に受かるために一生懸命勉強している。

❺　コンマありの〈so that＋sv〉はまずは【結果】で考えるのでしたね。意味
的にも問題ないので (C)【結果】の接続詞です。　▶Lesson2

> 英文訳　彼女は電話の電源を切ったので，勉強に集中することができた。

Lesson **1**

〈It is＋形容詞＋that＋sv〉を見抜く

動画でわかる！
▼

〈It is ＋形容詞 ＋ that ＋ sv〉の形になっている場合，It が形式主語，〈that ＋ sv〉が真主語となる**形式主語構文**になることがほとんどです。

It is 〜 to *do* の形式主語構文は Chapter 1 ▶P.100 で触れましたが，今回は接続詞 that が作る名詞節（that ＋ sv）が真主語になるパターンです。

例文 **79** 次の英文の構造を把握して，意味を考えましょう。

It is important that we forgive ourselves for making mistakes.

It is important が SVC ですね。It が指すものを探すと直後に that we forgive 〜が見つかります。**ここまで見て〈It is ＋形容詞 ＋ that ＋ sv〉の形に気づいた時点で形式主語構文と判断**しましょう。

that 節内は we が s，forgive が v，ourselves が o です。forgive は forgive *A* for *B*「*A* の *B* を許す」という熟語で，ここでは *B* に動名詞のカタマリの making mistakes がきています。

図解 **79**

It **is important**
形式 S V　　　 C

〈**that we forgive ourselves for making mistakes**〉.
　　　　　　　　　　　　　 真S

〈It is ＋形容詞 ＋ that ＋ sv〉は「…することは〜だ」と訳します。

that 節はやや訳しにくいですが，直訳の「自分のミスをしたことを許す」を少し日本語らしい「自分がミスを犯したことを許す」や「ミスを犯した自分を許す」などとするとわかりやすくなります。

例文訳 **79** ミスを犯した自分を許すことは大切だ。

例文 80 次の英文の構造を把握して，意味を考えましょう。

> It is said that eating an apple every day helps us stay healthy.

It is の後ろに said があります。このように**形容詞の位置に過去分詞がある場合も形式主語構文と判断して OK** です。〈It is said that + sv〉は〈be 動詞＋過去分詞〉で受動態になっており，「～と言われている」の意味になります。

that 節内は s がややわかりにくいですが，eating を動名詞と判断し，動詞の helps の直前まで（eating an apple every day）が動名詞のカタマリで s になると考えます。helps us stay ～は help O *do*「O が…するのに役立つ」の語法です。

図解 80

> It　is said
> 形式S　V
>
> 〈that 〈eating an apple every day〉 helps us stay healthy〉.
> 真S　　　　　　　　s　　　　　　　v (help) o　*do*

S help O *do* は「S は O が…することを助ける」が基本の意味ですが，無生物主語構文では S を副詞っぽく変換して「**S によって O は…できる**」**と訳すことも多い**です。eating an apple every day を副詞に変換し，us を s として訳します。この文では「～によって」の部分は「～すれば」のように【条件】の意味で訳したほうが自然になります。

まとめ

> 〈It is ＋形容詞＋that + sv〉や〈It is ＋過去分詞＋that + sv〉を見たら形式主語構文と判断する。

例文訳 80 毎日リンゴを 1 つ食べれば，私たちは健康でいられると言われている。

Lesson 2 〈It is＋名詞＋that 〜〉を見抜く①

〈It is＋名詞＋that 〜〉は形式主語構文，強調構文，もしくはItは代名詞でthatが関係代名詞になる3パターンを考えましょう。まずは頻度の高い**形式主語構文**と**強調構文**の判別の練習です。

例文 81 　次の英文の構造を把握して，意味を考えましょう。

It is a miracle that curiosity survives formal education.

miracle 名 奇跡

It is a miracleはSVCですね。〈It is＋名詞＋that 〜〉の形になっているので，形式主語構文と強調構文のどちらになるかを考えましょう。この形の場合は，that節内の構造でどちらかを判別することができます。

that節内に不足がない完全文であれば形式主語構文，that節内に不足がある不完全文の場合は強調構文の可能性が高いです。

ここではsがcuriosity，vがsurvives，oがformal educationで**that節内は何も不足していない完全文のため形式主語構文**と判断できます。

図解 81

> It　is a miracle
> 形式S　V　　C
>
> 〈that curiosity survives formal education〉.
> 真S　　　s　　　v　　　o

formal educationは「正規の教育」「公教育」の意味です。

この例文は物理学者Albert Einsteinの言葉ですが，彼は，学校教育などのformal educationは子どもたちの好奇心をつぶしてしまうと考えていたのですね。

例文訳 81　好奇心が正規の学校教育の中で生き残るのは奇跡だ。

次の英文の構造を把握して，意味を考えましょう。

It is not the strength of the body but the strength of the spirit that counts.

ひとまず It is not the strength of the body までが SVC となりそうですが，but の後ろにも the strength of the spirit と似た形があります。ここでは not 〜 spirit が **not A but B**「A ではなく B」の形になっています。

spirit の後ろには that があり，that 節内にあるのは counts のみです。count には自動詞で「重要である」という意味があるため，that 節内は主語が不足している不完全文だとわかります。

このように〈**It is ＋名詞＋ that 〜**〉で that 節内が不完全文の場合は，まずは**強調構文**を考えましょう。強調構文として that 以下から訳してみると「重要なのは，身体の強さではなく，精神の強さである」という自然な意味になるので，やはり強調構文でよさそうです。that 節内に不足しているSが，It is と that の間にはさまれる形になっています。

It is	not the strength of the body but the strength of the spirit
It is	S (not A but B)

that		counts.
that	↑Sが不足	V

強調構文かどうかは訳してみるまで確定できないことが多いですが，強調構文の場合は，その文自体か前後の文に，not A but B など【対比】の関係をふくむことが多いです。【対比】の関係を見つけたら**強調構文を想定して読む**ようにしてみましょう。

まとめ

1. 〈It is ＋名詞＋ that 〜〉の後ろが完全文の場合は形式主語構文。

2. that 節内が不完全文の場合はまず強調構文を考える。関係代名詞の可能性もある ▶P.133 ので意味や文脈もヒントにする。

Lesson 3 〈It is＋名詞＋that 〜〉を見抜く②

動画でわかる！
▼

今回は 〈It is ＋名詞＋ that 〜〉の**意味から判断が必要なパターン**です。

> 例文 **83** 　次の英文の構造を把握して，意味を考えましょう。

Success is not final. Failure is not fatal. It is the courage to continue that counts.

1文めはSVCです。2文めもSVCで問題ありませんね。

3文めがIt is the courage to continue that 〜. で 〈It is ＋名詞＋ that 〜〉の形になっています。形式主語構文，強調構文，関係代名詞のどれになるかを判断しましょう。

that節内を見ると主語が不足しているので，まずは強調構文を考えます。強調構文として訳すと「重要なのは続ける勇気だ」となります。to continueは「続けるための」の意味の形容詞句と解釈すると自然です。

前文は「成功は終わりではない。失敗は致命的なものではない」というnot Aのような文脈があることから，続くIt is 〜. の文がbut Bに相当すると考えられますね。このように**前の文とnot A but Bの【対比】の関係を作るのが強調構文のパターン**です。

> 図解 **83**

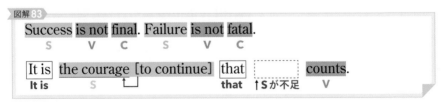

強調構文に限らず，**前の文がnot A，次の文がbut Bを表すという形は定番のパターン**です。この場合butは消えてしまうことがあるので，**notを見た時点で【対比】の関係を想定**するようにしておきましょう。

> 例文訳 **83** 　成功は終わりではない。失敗は致命的なものではない。大事なのは続ける勇気だ。

例文 **84** 次の英文の構造を把握して，意味を考えましょう。

Creative thinking is not a mystical talent. It is a skill that can be practiced and nurtured.

creative 形 創造的な　mystical 形 神秘的な　nurture 動 〜を育てる

1文めはSVCです。2文めはIt is a skill that 〜が〈It is ＋名詞＋that 〜〉の形になっています。**that節内の主語が不足していることからまずは強調構文を考えましょう。**

しかし，強調構文で「練習して育てることができるのは技術だ」と訳すと前の文とうまくつながりません。

実は**It が前文の Creative thinking を指す代名詞で，that は関係代名詞**になっています。that を関係代名詞として文を訳すと「それは練習し育てることができる技術だ」となり，前の文とうまくつながります。

図解 84

Creative thinking is not a mystical talent.
　　　S　　　　　　V　　　　　　C

It is a skill [that can be practiced and nurtured].
S V　C　　└─┘

〈It is ＋名詞＋that 〜〉の判別は慣れてくるとある程度文脈から予想がつくようになりますが，**強調構文か関係代名詞かはまずは訳して判断する**ようにしましょう。

ちなみにこの文も，**前の文が not A，後ろの文が but B の【対比】の関**係になっています。やはり，**but が消えています**ね。

まとめ

1. 〈It is ＋名詞＋that 〜〉の that 節内が不完全文の場合は，強調構文か関係代名詞の可能性を考える。

2. まず強調構文で訳し，不自然であれば関係代名詞で考える。

例文訳 84 創造的な思考は神秘的な才能ではない。それは練習し，育むことのできる技術だ。

Lesson 4 〈It is＋副詞＋that ～〉を見抜く

動画でわかる！
▼

〈It is ＋副詞＋ that ～〉の形になっている場合は強調構文と即断します。

> 例文 85　次の英文の構造を把握して，意味を考えましょう。

The chief condition on which life and health depend is action. It is by action that an organism develops its faculties, increases its energy, and fulfills its destiny.

1文めはThe chief conditionがSです。後ろにon whichと続いているのは〈前置詞＋関係代名詞〉ですね ▶P.112 。関係代名詞節の範囲はisの直前のdependまでになりそうです。depend on ～「～に依存する」を覚えていると判断しやすいです。isがV，actionがCになります。

2文めはIt isとthatの間にby actionという副詞句がきているので強調構文です。that節内はSがan organism，Vがdevelopsになりそうですが，ここは3つのVO（develops ～／increases ～／fulfills ～）がコンマとandで並列になっていることに気づきましょう。

> 図解 85

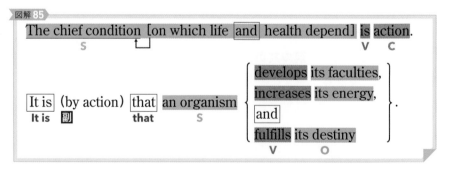

強調構文は後ろから訳すのが基本ですが，Itとthatの間を「～こそ」などのように強調する形で前から訳すこともできます。

> 例文訳 85　生命や健康が依存する主な条件は行動である。行動によってこそ，生物は能力を発達させ，活力を蓄え，運命を果たすのである。

Part

3

構
文

例文 86 次の英文の構造を把握して，意味を考えましょう。

It is not until you make peace with who you are that you can be content with what you have.

It is と that の間に 〈until ＋ sv〉 の副詞節がきているので**強調構文**です。この until 節を見ると，s が you，v は make peace with 〜で「〜と折り合いをつける」の意味です。o になる who you are は名詞節 ▶P.108 で「あなたがだれか」が直訳ですが，工夫して「自分自身」などでも OK です。

that の後ろは you が S，can be content with （〜）「（〜）に満足できる」がワンセットで V と考えましょう。O になる名詞節の what you have は「財産」といった訳になることもありますが，ここでは「自分が持っているもの」で OK です。

図解 86

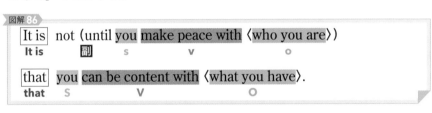

直訳だと not until の処理が難しかったと思います。**It is not until 〜 that ... は「〜して初めて…する」という定番の訳**で覚えましょう。

make peace with 〜が「〜と折り合いをつける」だとしっくりこなかったのではないでしょうか。ここでは be content with 〜に合わせてこちらも「満足する」と訳すと自然です。英語は同じ表現を繰り返すことを嫌うため違った表現を使っていますが，伝えたいことは同じです。

まとめ

　〈It is ＋副詞＋ that 〜〉は強調構文と即断する。副詞の部分には副詞句や副詞節など長い語句がくる場合もあるので注意する。

例文訳 86 自分自身に満足して初めて，自分が持っているものにも満足することができる。

Part ③ Chapter ⑤　Exercise Ⓐ

次の下線部の英文が（A）形式主語構文，（B）強調構文，（C）その他の
どれになるかを選びましょう。

(解答・解説)

❶ It is certain that he will pass the exam.　▶

❷ It is a pity that he can't come to the party.　▶

❸ I didn't meet Marie yesterday. It was Nikola that I met.　▶

❹ I visit Dazaifu Tenmangu Shrine every year. It is a shrine that many students visit.　▶

❺ It was because he was ill that he didn't come to the party.　▶

解答

❶ (A)　❷ (A)　❸ (B)　❹ (C)　❺ (B)

解説

❶ certain は形容詞なので **(A) 形式主語構文**が正解です。certain には「間違いない，確信している」の意味があります。　▶Lesson1

〉英文訳〉彼が試験に合格するのは間違いない。

❷ a pity「残念なこと」は名詞なので，that 節内が完全文か不完全文かを確認しましょう。he can't come to the party は何も不足していない完全文ですね。つまり **(A) 形式主語構文**が正解です。　▶Lesson2

〉英文訳〉彼がパーティーに来られないのは残念だ。

❸ Nikola は名詞なので，that 節内が完全文か不完全文かを確認しましょう。met の目的語がないので不完全文です。つまり (B) か (C) になりますが，前の文と【対比】の関係があるので **(B) 強調構文**が正解です。　▶Lesson3

〉英文訳〉昨日マリーに会わなかった。私が会ったのはニコラだ。

❹ a shrine は名詞なので，that 節内が完全文か不完全文かを確認しましょう。他動詞 visit の目的語が不足しているので不完全文です。つまり (B) か (C) になり，どちらでも成り立ちそうですが，【対比】の関係はなく，It が Dazaifu ～ を指し，that は関係代名詞でどういう神社か説明していると考えたほうが自然です。よって **(C) が正解**です。　▶Lesson3

〉英文訳〉私は毎年，太宰府天満宮に行く。それは多くの学生が訪れる神社だ。

❺ because he was ill は副詞節なので **(B) が正解**です。この問題は文脈をつけませんでしたが，本来は直前に「彼がパーティーに来なかったのは用事があったからではない」など【対比】の関係を作る内容があります。　▶Lesson4

〉英文訳〉彼がパーティーに来なかったのは病気だったからだ。

次の英文の構造を把握して，意味を考えましょう。下線部のあるものは下線部の英文について考えましょう。

❶ Bottled water is a hot topic in Australia. <u>It is a convenient way to satisfy your thirst.</u>

〔フェリス女学院大〕

オーストラリアではペットボトルの水が話題になっている。　　　　　　　

――――――――――――――――――――――――――――。

❷ <u>Living too much in the logical world can make it difficult to deal with other people,</u> as they do not usually, or ever, behave entirely logically.

〔筑波大〕

――――――――――――――――――――――――――――。
というのも，彼らはふつう，あるいは決して，完全に論理的には行動しないからだ。

❸ Those who ate chocolate more than once a week scored higher than those who rarely ate chocolate.

〔青山学院大〕

④ Given the current situation where languages are dying at a saddening rate, we are in the middle of an emergency.

〔東邦大〕

given ～ **前** ～を考慮すると　sadden **動** ～を悲しませる

⑤ Some parents follow a philosophy called unschooling, which allows a child to determine when, and how they want to learn based on their natural curiosity.　〔藤田医科大〕

unschooling **名** アンスクーリング（学校とは別の環境で教育を行うこと）

親の中にはアンスクーリングという方針に従うものもいる。＿＿＿＿＿＿

＿＿＿＿＿＿＿＿＿＿＿＿＿＿＿＿＿＿＿＿＿＿＿＿＿＿＿＿＿＿＿＿＿。

⑥ At the Olympics winning the gold medal does not matter very much. It is participating that counts.　〔大東文化大〕

解答・解説

❶

> **It** **is** a convenient way [to satisfy your thirst].
> S V   C

〈It is ＋名詞＋ to *do*〉の形になっていますが，**名詞が way の場合は続く to *do* は形容詞句である場合がほとんど**でしたね。to *do* の形容詞的用法で「…する便利な方法」と訳すと自然になります。

代名詞の It が指す名詞は前の文から探すことになります。名詞は Bottled water，a hot topic，Australia がありますが，「喉の渇きをいやす」のは Bottled water と考えるのが自然です。

> 英文訳 ⟩ それ［ペットボトルの水］は喉の渇きをいやすのに便利な方法だ。

❷

> 〈Living too much in the logical world〉
>   S
>
> can make   it   difficult 〈to deal with other people〉, ...
>   V   形式O   C   真O

Living too much 〜は文頭にあるので，名詞句か副詞句です。**後ろに V となる can make があるので，直前の logical world までが Living 〜が作る名詞句**で S になっています。

次に，make it difficult to を見た時点で**定番の形の make it C to *do*** だと気づけるのが理想です。it が形式目的語，to 以下が真目的語になっています。

動名詞が S なので，無生物主語構文として副詞っぽく変換して訳すと自然な訳になります。

> 英文訳 ⟩ 論理的な世界に生きすぎると，他人と付き合うのが難しくなることもある。

❸

Those [who ate chocolate (more than once a week)] scored
       └┘   S   V

(higher (than those [who (rarely) ate chocolate])).
副   └┘

Those who ～は「～する人」と訳すのでしたね。このwhoは関係代名詞として形容詞節を作ります。who ～のカタマリは文のVとなるscoredの直前までと判断しましょう。

scored higherは「より高く点を取った」→「点数が高かった」となります。

thanの後ろにもthose who ～があり，こちらにはrarelyが使われています。rarelyは否定語として「めったに～しない」と訳します。

> 英文訳 週に1回以上チョコレートを食べる人は，めったにチョコレートを食べない人より点数が高かった。

❹

(Given the current situation
副   └─────────────────┐

[where languages are dying (at a saddening rate)]),

we are (in the middle of an emergency).
S V

Given the current situationは「現状を考慮すると」になります。**名詞のsituationの後ろにwhereが続いているため，形容詞節を作る関係副詞として**意味をとりましょう。where節内は「悲しくなるようなスピードで言語が失われている」という意味です。これをthe current situationにかけて訳しましょう。

主節はwe areがSVです。*be* in the middle of an emergencyは「緊急事態の真っただ中にいる」という意味になります。

> 英文訳 言語が悲しくなるほどのスピードで失われている現状を考慮すると，私たちは緊急事態の真っただ中にいる。

~ , [which allows a child to determine
　　　　v (allow)　　o　　　to *do*

⟨ { when,
　　 and
　　 how } they want to learn⟩ (based on their natural curiosity)].

　コンマの後ろにwhichがきて ⟨, which ~⟩ の形になっているので**非制限用法の関係代名詞**です。whichの内容となる先行詞はunschoolingでよいでしょう。訳は「それ」でOKです。S allow O to *do* となっているので「Sによって○は…できる」と訳しましょう。

　whenとhowがandによって並列になっています。**他動詞determineの後ろなので，どちらも名詞節**を作っていると判断しましょう。2つの名詞節をまとめて「いつ，どのように~」と訳します。want to learnは「学びたい」ですが，やや不自然になるのでwant toの意味は省いても問題はありません。

⟩英文訳⟩ それにより，いつ，どのように学ぶかを，子どもの生来の好奇心に基づいて子どもが決めることができる。

❻

> (At the Olympics) winning the gold medal
> 副   S
>
> does not matter (very much).
>   V
>
> It is participating that [   ] counts.
> It is   S   that ↑Sが不足   V

文頭のAt the Olympicsは〈前置詞＋名詞〉で副詞句になります。

続くwinningはこの副詞句の中に入れてしまうと意味的に不自然ですね。winningから動詞doesの直前のmedalまでが名詞句でSになります。matterは「重要である」なので，１文めは「オリンピックでは金メダルを勝ち取ることはあまり重要ではない」になります。

２文めはIt is ～ thatの形になっており，**１文めが「否定」の意味なので，【対比】の関係をふくむ強調構文になる可能性が高い**ですね。participatingは「参加すること」という名詞で，**thatの後ろにはSが不足しているので，強調構文**とわかります。countはmatterと同様「重要である」という意味があり，強調構文でよく使われるのでしたね。

> 英文訳 オリンピックでは金メダルを勝ち取ることはあまり重要ではない。重要なのは，参加することだ。

映画の中の〝強調構文〟

Part 3 では強調構文や関係代名詞などを学びました。

強調構文も映画の中でここぞという場面で使われるので，1つだけ実例に触れてみましょう。難しいですが，英文解釈の問題として挑戦してみてください。ヒントも載せておきます。

第二次世界大戦中，ドイツの暗号機エニグマの解読に挑んだ数学者アラン・チューリングを描いた作品『イミテーション・ゲーム／エニグマと天才数学者の秘密』の中で，複数回登場する印象的なセリフです。

Sometimes it is the people who no one imagines anything of who do the things no one can imagine.

『イミテーション・ゲーム／エニグマと天才数学者の秘密』

【ヒント】
・強調構文の that の代わりに who が使われることもある
・imagine something［anything］of ～「～について何かを想像する」
・2つの who がそれぞれ何か考える

では，解説していきます。

まず文頭の Sometimes は副詞で「ときとして」という意味です。who は強調構文の that の代わりになれるので，〈it is ＋名詞＋ who ～〉の形は強調構文と関係代名詞の2つの可能性があります。

ただこの文は〈it is ＋名詞＋ who ～ who ...〉となっているので2つの who がそれぞれ何かを考える必要があります。

結論から言うと，1つめの who は関係代名詞，2つめの who が強調構文の that の代わりになります。

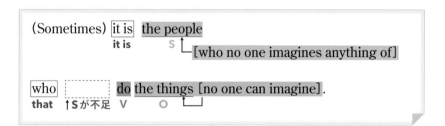

〈it is＋名詞＋who［that］〜〉の名詞の部分に関係代名詞節がつき，大きな名詞のカタマリになっているのですね。ここは「だれもその人のことを想像しない人物」という意味になります。

2つめのwho節の中はthe things no one can imagineという表現があります。こちらは〈名詞＋sv〉になっているので関係代名詞の省略が起きていますね。「だれも想像できないこと」という意味になります。

強調構文として全体を訳すと「ときとして，だれも想像しない人物が，だれも想像できないことを行う」となります。

公式の字幕ではより伝わりやすいように次のようになっていました。

ときとして だれも想像しないような人物が
想像できない偉業を成し遂げるのよ

僕は昔から映画やマンガ，アニメが好きで，作品の中で知ったたくさんの言葉に支えられてきました。
　このセリフもその1つです。

▶注意すべき動詞

▶P.24

matter「重要である」，last「続く」のように動詞で使うと意外な意味をもつ単語をまとめて覚えておきましょう。

---

water 動 〜に水をやる（◀名水）

You forgot to **water** the plant, didn't you? 〔神奈川大〕

その植物に水をやるのを忘れていたのでは？

---

face 動 〜に立ち向かう（◀名顔）

A good night's sleep brings us the energy and stamina to **face** the challenges of a new day. 〔甲南大〕

良質な睡眠は，新しい1日の挑戦に立ち向かうためのエネルギーとスタミナを私たちにもたらす。

---

mushroom 動 急成長する（◀名キノコ）

The agency's total number of employees **mushroomed** from 4,000 in 1913 to 21,300 in 1920. 〔立教大〕

その組織の総従業員数は1913年の4,000人から1920年の21,300人にまで膨れ上がった。

---

skyrocket 動 急上昇する（◀名ロケット花火）

By 1860, the number had **skyrocketed** to 4.4 million. 〔愛媛大〕

1860年までに，その数は4百4十万まで急上昇した。

stick (to ～) 動 (～を) 保持する, ～に固執する (◀ 名 棒)

Try to **stick** to a healthy diet!　　　　　　　　　　　　〔駒澤大〕

健康的な食生活を**続ける**ようにしなさい！

challenge 動 ～に異議を唱える, ～を疑う (◀ 名 難問, 挑戦)

The author would like to **challenge** conventional thinking on this topic.　　　　　　　　　　　　　　　　　　　　　　　　〔上智大〕

著者はこのテーマに関する従来の考え方に**異議を唱え**たいと思っている。

address 動 ～に取り組む (◀ 名 住所)

Most governments have been slow to **address** the problem of global warming.　　　　　　　　　　　　　　　　　　　　〔東海大〕

ほとんどの政府は，地球温暖化の問題に**取り組む**のが遅れている。

bear 動 ～に耐える, ～を持つ (◀ 名 クマ)

Honestly, I can't **bear** this pain any longer.　　　　〔立命館大〕

正直，これ以上この痛みには**耐え**られない。

long (for ～) 動 (～を) 切望する (◀ 形 長い)

I've always **longed** for a job in the movie business.　〔名古屋外国語大〕

私はずっと映画業界の仕事を**切望**していた。

▶不定詞の形容詞的用法と相性がよい名詞　▶P.56

　ability to *do* など to *do* が名詞の内容を説明するものを同格の不定詞といいます。以下に同格のパターンをまとめているので感覚をつかみましょう。

1.　元が〈be動詞＋形容詞＋to *do*〉

• the ability to *do*	「…する能力」	(◀ *be* able to *do*)
• a willingness to *do*	「…したいという気持ち」	(◀ *be* willing to *do*)
• a reluctance to *do*	「…したがらないこと」	(◀ *be* reluctant to *do*)

2.　元が〈動詞＋to *do*〉

• a plan to *do*	「…する計画」	(◀ plan to *do*)
• a promise to *do*	「…する約束」	(◀ promise to *do*)
• an attempt to *do*	「…する試み」	(◀ attempt to *do*)
• a decision to *do*	「…しようと決めること」	(◀ decide to *do*)

3.　その他（機会・力など）

• a chance to *do*	「…する機会」
• an opportunity to *do*	「…する機会」
• the right to *do*	「…する権利」
• a power to *do*	「…する力」
• an effort to *do*	「…しようとする努力」

▶ SVO to do の形をとる動詞

▶P.59

この形をとる動詞はたくさんありますが，O と do に SV の関係があることを意識して覚えましょう。

SVO to do の形をとる動詞

• get O to *do*	「O に…させる」
• force O to *do*	「O に無理やり…させる」
• want O to *do*	「O に…してほしいと思う」
• wish O to *do*	「O に…してほしいと思う」
• advise O to *do*	「O に…するよう勧める」
• ask O to *do*	「O に…するよう頼む」
• order O to *do*	「O に…するよう命令する」
• permit O to *do*	「O に…するのを許可する」
• allow O to *do*	「O に…するのを許す」
• enable O to *do*	「O が…するのを可能にする」
• help O（to）*do*	「O が…するのを手伝う」

＊ allow，enable，help は無生物主語構文で使われることが多く，「Sのおかげで O は…できる」と訳すことも覚えておきましょう。

＊ help は to なしで，help O *do* という形で使われることが多いです。また O なしで help（to）*do*「…するのを手伝う，…するのに役立つ」という形でも使われます。

Car sharing **helps（to）cut** carbon dioxide emissions.

カーシェアは二酸化炭素の排出を削減するのに役立つ。

▶ *doing* を目的語にとる動詞 ▶P.67

consider *doing* のように動名詞を目的語にとる動詞は，以下の 3 パターーンに分けて覚えましょう。

1. 終了系（その時点ですでに行っていること）

• finish *doing*	「…し終える」
• stop *doing*	「…するのをやめる」
• quit *doing*	「…するのをやめる」
• give up *doing*	「…するのをやめる」
• deny *doing*	「…したことを否定する」
• enjoy *doing*	「…するのを楽しむ」
• practice *doing*	「…する練習をする」

2. 逃避・延期系

• escape *doing*	「…することから逃れる」
• avoid *doing*	「…するのを避ける」
• put off *doing*	「…するのを延期する」
• postpone *doing*	「…するのを延期する」
• mind *doing*	「…するのを嫌だと思う」

3. 想像・提案系

• consider *doing*	「…することを考える」
• imagine *doing*	「…することを想像する」
• suggest *doing*	「…することを提案する」
• recommend *doing*	「…することを勧める」

▶同格のthat節と相性のよい名詞

▶P.132

　以下の3パターンが同格のthat節と相性がよい名詞です。この3パターン以外は同格のthatをとることはできません。

1. 事実・可能性系

- fact「事実」
- chance「可能性」
- possibility「可能性」
- news「知らせ」
- likelihood「可能性」

など

2. 思考系

- idea「考え」
- concept「概念」
- opinion「意見」

など

3. 元の動詞がthat節を目的語にとるもの

- thought　　　「考え」　　（◀ think）
- belief　　　　「信念」　　（◀ believe）
- hope　　　　　「希望」　　（◀ hope）
- feeling　　　　「感情」　　（◀ feel）
- assumption　　「想定」　　（◀ assume）
- expectation　　「期待」　　（◀ expect）
- conclusion　　「結論」　　（◀ conclude）
- implication　　「含意」　　（◀ imply）　　　　　　　など

＊thinkのように〈動詞＋that＋sv〉という形をとる動詞が名詞になった場合，同格のthat節をとる可能性が高いです。

文型や構造を意識して，スムーズに頭に意味が思い浮かぶまで音読しましょう。

□□□ **1** Every word matters.

□□□ **2** First impressions last.

□□□ **3** In life, you always get a second chance.

□□□ **4** For children curiosity is the greatest drive.

□□□ **5** The key to success lies in continuity.

□□□ **6** One of the basic rules of the universe is that nothing is perfect.

□□□ **7** We must prepare for natural disasters.

□□□ **8** I always prepare in advance for challenging jobs.

□□□ **9** Cats make little noise.

□□□ **10** Cats make the best pets.

□□□ **11** You have to leave your comfort zone.

□□□ **12** Columbus left for Asia.

□□□ **13** A fit body gives you confidence.

□□□ **14** We can make the world a better place.

あらゆる単語が重要だ。

第一印象は残り続ける。

人生では常に 2 回めのチャンスがある。

子どもにとって，好奇心は最大の原動力だ。

成功の鍵は継続にある。

宇宙の基本的な法則の 1 つは，完璧なものは何もないというものだ。

私たちは自然災害に備えなくてはならない。

私はいつもやりがいのある仕事に事前に備える。

猫はほとんど音を立てない。

猫は最高のペットになる。

あなたはコンフォートゾーンを離れなくてはならない。

コロンブスはアジアに向けて出発した。

健康な体はあなたに自信を与える。

私たちは世界をよりよい場所にできる。

□□□ **15** If you want to succeed, you must learn to take risks.

□□□ **16** New occupations will emerge to meet new needs.

□□□ **17** If you are to succeed, you must believe in yourself.

□□□ **18** The secret to success is to act immediately.

□□□ **19** To be an interesting person, you must be interested in something.

□□□ **20** To save time is to save money.

□□□ **21** Teamwork is the ability to work together toward a common vision.

□□□ **22** The detective visited the house to see the scene of the accident.

□□□ **23** The system allows people to live meaningful lives.

□□□ **24** I just want a chance to start over.

□□□ **25** Problems provide chances for you to do your best.

□□□ **26** Our goal is for students to develop their potential.

□□□ **27** Laughing at our mistakes can lengthen our lives.

□□□ **28** Recognizing the importance of health, he started exercising every day.

□□□ **29** The only real failure is giving up.

成功したいのなら，リスクを取れるようにならなくてはならない。

新たなニーズを満たすため，新たな職業が生まれるだろう。

成功したいのなら，自分を信じなくてはならない。

成功の秘訣は，すぐに行動することだ。

興味深い人物であるためには，何かに興味を持たなければならない。

時間を節約することは，お金を節約することだ。

チームワークとは共通のビジョンに向かって共に働く能力だ。

探偵［刑事］は事故現場を見るために，その家を訪れた。

そのシステムのおかげで，人々は有意義な人生を送ることができる。

私はやり直す機会が欲しいだけだ。

問題は，あなたがベストを尽くすための機会を与えてくれる。

私たちの目標は，生徒が可能性を広げることだ。

失敗を笑うことにより，自分の寿命を伸ばすことができる。

健康の重要さを認識して，彼は毎日運動し始めた。

唯一の本当の失敗は，諦めることだ。

☐☐☐ **30** He is considering owning a cat.

☐☐☐ **31** Walking stimulates the brain, leading to better health.

☐☐☐ **32** The dog, barking in surprise and fear, tried to run away.

☐☐☐ **33** The government is trying to reduce the number of people living alone.

☐☐☐ **34** Dietary education may result in children making more healthful food choices.

☐☐☐ **35** Critical thinking and clear communication are indispensable, the latter being the more important.

☐☐☐ **36** The volume of deskwork will decrease with AI carrying out many tasks.

☐☐☐ **37** Automated cars may make commuting more pleasurable.

☐☐☐ **38** Considered a perfect gentleman, he was widely respected.

☐☐☐ **39** Some scientists considered the risks manageable.

☐☐☐ **40** People now considered great geniuses were ordinary people at first.

☐☐☐ **41** A proper diet helps keep you motivated and focused.

☐☐☐ **42** You don't get lucky while sitting in the sofa with your arms crossed doing nothing.

☐☐☐ **43** Small-minded people don't like to see others doing better than them.

☐☐☐ **44** Great people like to see someone succeed.

彼は猫を飼おうかと考えている。

散歩は脳を刺激し，その結果よりよい健康につながる。

その犬は，驚きと恐怖でほえて，逃げようとした。

政府はひとり暮らしの人の数を減らそうとしている。

食育は，子どもがより健康的な食品の選択をすることにつながるかもしれない。

批判的思考と明確なコミュニケーションは不可欠であり，そして後者はより重要である。

AIが多くのタスクを行えば，デスクワークの量は減るだろう。

自動運転車は通勤をより楽しいものにするかもしれない。[自動運転車によって通勤がより楽しくなるかもしれない。]

完璧な紳士だと考えられ，彼は広く尊敬されていた。

一部の科学者はそのリスクを管理できると考えていた。[科学者たちの中にはそのリスクを管理できると考える人もいた。]

今，偉大な天才だと考えられている人も最初はふつうの人だった。

適切な食事はやる気と集中力を保つのに役立つ。

何もせずに腕を組んだままソファーに座っている間は，幸運になることはない。

心の狭い人は他人が自分よりうまくいっているのを見るのを好まない。

偉大な人はだれかが成功するのを見るのが好きだ。

☐☐☐ **45** Winning makes you believe that you can win again.

☐☐☐ **46** Even the most competent person has to have some of the work done by someone else.

☐☐☐ **47** It is very hard to do good work without being curious.

☐☐☐ **48** Work can give us a sense of purpose. It is also a way to gain skills.

☐☐☐ **49** I find it important to learn a foreign language.

☐☐☐ **50** Learning a foreign language makes it easier for people to think differently.

☐☐☐ **51** Don't put off until tomorrow what you can do today.

☐☐☐ **52** What you need is to get enough sleep.

☐☐☐ **53** If you know what you want, you can know who you are.

☐☐☐ **54** Those who exercise regularly feel better about themselves.

☐☐☐ **55** My father, who lived to be 94, often said that the 80s had been the most enjoyable years of his life.

☐☐☐ **56** She is the girl who I think will win the prize.

☐☐☐ **57** It is important to make friends with people with whom you can share new experiences.

☐☐☐ **58** At the science festival, there were a lot of children, many of whom asked questions about black holes.

☐☐☐ **59** Some animals are disappearing which are vital for human beings to survive.

勝つことによって，また勝てると信じるようになる。

最も有能な人でさえ，仕事の一部はだれかほかの人にしてもらわないといけない。

好奇心を持たずによい仕事をするのは，とても難しい。

仕事は私たちに目的意識を与えてくれる。またそれは技術を身につける方法でもある。

私は外国語を学ぶことが大切だと思っている。

外国語を学ぶことによって，人が違った考え方をするのがより簡単になる。

今日できることを明日に延期するな。

あなたに必要なのは十分な睡眠だ。

自分が欲しいものがわかれば，自分が何者かがわかる。

定期的に運動する人々は自分自身により満足している。

私の父は，94歳まで生きたのだが，80年代が人生で最も楽しい時期だったとよく言っていた。

彼女は，その賞を取ると私が思っている女の子だ。

新しい経験を共有することができる人たちと友だちになることが重要だ。

サイエンスフェスティバルには，たくさんの子どもが来ていて，その多くはブラックホールについて質問していた。

人類が生きていくために必要不可欠な動物の中には，消えつつあるものもいる。

60 ☐☐☐ We live in the age of information, which makes the ability to focus on the important information important.

61 ☐☐☐ The challenges you experience today will make you wiser tomorrow.

62 ☐☐☐ The connection you share with your family matters more than any other relationship you have.

63 ☐☐☐ There are some places in life where you can only go alone. Enjoy your solo journey.

64 ☐☐☐ There is no success where there is no laughter.

65 ☐☐☐ In order for physical theory to be of use, we must know where the atoms are located.

66 ☐☐☐ Hollywood is where movie magic comes alive.

67 ☐☐☐ A season of loneliness and isolation is when the caterpillar gets its wings.

68 ☐☐☐ Happiness is only real when shared.

69 ☐☐☐ A lot of people are afraid to say what they want. That's why they don't get what they want.

70 ☐☐☐ I wonder why so many people do what they don't want to do.

71 ☐☐☐ If you are always trying to be normal, you'll never know how amazing you can be.

72 ☐☐☐ Ten percent of your life is what happens to you and ninety percent of it is how you react to it.

73 ☐☐☐ The fact that the word manga is now used in many languages is a clear sign of how much Japanese comic books are loved.

私たちは情報化時代に生きている。そのことにより，重要な情報に集中する能力が重要になる。

今日経験する難題により，あなたは明日，より賢くなれるだろう。

家族とのつながり［家族と共有するつながり］は，あなたが持つほかのどんな関係よりも重要だ。

人生にはひとりでしか行けない場所がいくつかある。ひとり旅を楽しみなさい。

笑いのない場所には，成功はない。

物理学の理論が役立つためには，私たちは原子がどこにあるか知らなくてはならない。

ハリウッドは，映画の魔法が生まれる場所だ。

孤独や孤立の期間は，幼虫が羽を得るときである。

幸せは，共有されたときにだけ本物になる。

多くの人が怖くて自分の欲しいものが言えない。そういうわけで彼らは欲しいものが手に入れられないのだ。

なぜそんなにも多くの人がやりたくないことをやっているのだろうか。

もしいつもふつうであろうとしていたら，自分がどのくらいすばらしい人になれるのか知ることは決してできない。

人生の10%は自分に何が起こるかで，90%はそれにどのように反応するかだ。

現在，マンガという言葉が多くの言語で使われているという事実は，どのくらい日本のマンガが愛されているかの明確な証拠である。

☐☐☐ **74** The environment that parents give to their children plays an important role in enabling them to grow up to be successful adults.

☐☐☐ **75** Sustainable design means designing buildings so that we can use resources wisely and without waste.

☐☐☐ **76** The goal is for experience and knowledge to reinforce each other and increase understanding, so that knowledge enhances experience and experience creates further knowledge.

☐☐☐ **77** Teamwork is so important that it is virtually impossible to demonstrate your real abilities without becoming good at it.

☐☐☐ **78** I hate jealousy so much that if I feel it, I try to shut it down immediately.

☐☐☐ **79** It is important that we forgive ourselves for making mistakes.

☐☐☐ **80** It is said that eating an apple every day helps us stay healthy.

☐☐☐ **81** It is a miracle that curiosity survives formal education.

☐☐☐ **82** It is not the strength of the body but the strength of the spirit that counts.

☐☐☐ **83** Success is not final. Failure is not fatal. It is the courage to continue that counts.

☐☐☐ **84** Creative thinking is not a mystical talent. It is a skill that can be practiced and nurtured.

☐☐☐ **85** The chief condition on which life and health depend is action. It is by action that an organism develops its faculties, increases its energy, and fulfills its destiny.

☐☐☐ **86** It is not until you make peace with who you are that you can be content with what you have.

親が子どもに与える環境は，子どもが立派な大人に成長できること［子どもを成長させ，成功した大人になれるようにすること］において重要な役割を担っている。

持続可能なデザインとは，私たちが賢く，無駄なく資源を利用できるように建物を設計することだ。

目的は，経験と知識が互いを補強し，理解を深め，その結果知識が経験を高め，経験がさらなる知識を生み出すことだ。

チームワークはとても重要なので，それを得意とすることなしに自分の本当の能力を発揮するのはほぼ不可能である。

私は嫉妬をとても嫌っているので，もし嫉妬するのを感じたら，即座に断ち切ろうとする。

ミスを犯した自分を許すことは大切だ。

毎日リンゴを 1 つ食べれば，私たちは健康でいられると言われている。

好奇心が正規の学校教育の中で生き残るのは奇跡だ。

重要なのは，体の強さではなく精神の強さだ。

成功は終わりではない。失敗は致命的なものではない。大事なのは続ける勇気だ。

創造的な思考は神秘的な才能ではない。それは練習し，育むことのできる技術だ。

生命や健康が依存する主な条件は行動である。行動によってこそ，生物は能力を発達させ，活力を蓄え，運命を果たすのである。

自分自身に満足して初めて，自分が持っているものにも満足することができる。

Obunsha

ISBN978-4-01-035128-4

C7382　¥1250E

定価：1,375円
（本体1,250円＋税10%）

Obunsha

本　書　の　特　長

● 英文解釈学習の最初の１冊に最適な入門書

● 英文を読むときの思考プロセスを解説

● 英文を前からすばやく正確に読み解いていくための
　文法的判断力が身につく

● 読解プロセスを体験できる著者本人による動画付き

● 例文の復習・音読ができる音声付きの例文リストも収録